胡适 著

进一寸就有欢喜

胡适谈读书

中国文史出版社

百年中国记忆书系

总策划、主编

刘未鸣

副主编

唐柳成　张剑荆　段敏

百年中国记忆·名家谈读书丛书

主编

段敏　张春霞

责任编辑

（按姓氏笔画排序）

牛梦岳　高贝　张春霞

目录

第一章　读书杂谈

第二章　读书与治学

第三章　读书与做人

第四章　读书办刊杂记

读书杂谈

读　书

"读书"这个题，似乎很平常，也很容易。然而我却觉得这个题目很不好讲。据我所知，"读书"可以有三种说法：

（一）要读何书。关于这个问题，《京报副刊》上已经登了许多时候的"青年必读书"；但是这个问题，殊不易解决，因为个人的见解不同，个性不同。各人所选只能代表各人的嗜好，没有多大的标准作用。所以我不讲这一类的问题。

（二）读书的功用。从前有人作"读书乐"，说什么"书中自有千钟粟，书中自有黄金屋，书中自有颜如玉"，现在我们不说这些话了，要说，读书是求智识，智识就是权力。这些话都是大家会说的，所以我也不必讲。

（三）读书的方法。我今天是想要根据个人经验，同诸位谈谈读书的方法。我的第一句话是很平常的，就是说，读书有两个要素：

第一要精，第二要博。

现在先说什么叫"精"。

我们小的时候读书，差不多每个小孩都有一条书签，上面写十个字，这十个字最普遍的就是"读书三到：眼到，口到，心到"。现在这种书签虽不用，三到的读书法却依然存在。不过我以为读书三到是不够的，须有四到，是"眼到，口到，心到，手到"。我就拿它来说一说。

眼到是要个个字认得，不可随便放过。这句话起初看去似乎很容易，其实很不容易。读中国书时，每个字的一笔一画都不放过。近人费许多功夫在校勘学上，都因古人忽略一笔一画而已。读外国书要把 A，B，C，D 等字母弄得清清楚楚。所以说这是很难的。如有人翻译英文，把 port 看作 pork，把 oats 看作 oaks，于是葡萄酒一变而为猪肉，小草变成了大树。说起来这种例子很多，这都是眼睛不精细的结果。书是文字作成的，不肯仔细认字，就不必读书。眼到对于读书的关系很大，一时眼不到，贻害很大，并且眼到能养成好习惯，养成不苟且的人格。

口到是一句一句要念出来。前人说口到是要念到烂熟背得出来。我们现在虽不提倡背书，但有几类的书，仍旧有熟读的必要。如心爱的诗歌，如精彩的文章，熟读多些，于自己的作品上也有良好的影响。读此外的书，虽不须念熟，也要一句一句念出来，中国书如此，外国书更要如此。念书的功用能使我们格外明了每一句的构造，句中各部分的关系。往往一遍念不通，要念两遍以上，方才能明白的。读好的小说尚且要如此，何况读关于思想学问的书呢？

心到是每章每句每字意义如何？何以如是？这样用心考究。但是用心不是叫人枯坐冥想，是要靠外面的设备及思想的方法的帮助。要做到这一点，需要有几个条件：

（一）字典、辞典、参考书等等工具要完备。这几样工具虽不能办到，也当到图书馆去看。我个人的意见是奉劝大家，当衣服，卖田地，至少要置备一点好的工具。比如买一本韦氏大字典，胜于请几个先生。这种先生终身跟着你，终身享受不尽。

（二）要做文法上的分析。用文法的知识，做文法上的分析，要懂得文法构造，方才懂得它的意义。

（三）有时要比较参考，有时要融会贯通，方能了解。不可但看字面。一个字往往有许多意义，读者容易上当。例如 turn 这字：

作外动字解有十五解，

作内动字解有十三解，

作名词解有二十六解，

共五十四解，而成语不算。

又如 Strike：

作外动字解有三十一解，

作内动字解有十六解，

作名词解有十八解，

共六十五解。

又如 go 字最容易了，然而这个字：

作内动字解有二十二解，

作外动字解有三解，

作名词解有九解，

共三十四解。

以上是英文字需要加以考究的例子，英文字典是完备的；但是某一字在某一句究竟用第几个意义呢？这就非比较上下文，或贯穿全篇，才能懂了。

中文较英文更难，现在举几个例：

祭文中第一句"维某年月日"之"维"字，究作何解？字典上说它是虚字。《诗经》里"维"字有二百多，必须细细比较研究，然后知道这个字有种种意义。

又《诗经》之"于"字，"之子于归""凤凰于飞"等句，"于"字究作何解？非仔细考究是不懂的。又"言"字人人知道，但在《诗经》中就发生问题，必须比较，然后知"言"字为连接字。诸如此例甚多。中国古书很难读，古字典又不适用，非是用比较归纳的研究方法，我们如何懂得呢？

总之，读书要会疑，忽略过去，不会有问题，便没有进益。

宋儒张载说："读书先要会疑。于不疑处有疑，方是进矣。"他又说："在可疑而不疑者，不曾学。学则须疑。"又说："学贵心悟，守旧无功。"

宋儒程颐说："学源于思。"

这样看起来，读书要求心到；不要怕疑难，只怕没有疑难。工具要完备，思想要精密，就不怕疑难了。

现在要说手到。手到就是要劳动劳动你的贵手。读书单靠眼到、口到、心到，还不够的；必须还得自己动动手，才有所得。例如：

（1）标点分段，是要动手的。

（2）翻查字典及参考书，是要动手的。

（3）做读书札记，是要动手的。札记又可分四类：

（a）抄录备忘。

（b）做提要、节要。

（c）自己记录心得。张载说："心中苟有所开，即便札记。不则还塞之矣。"

（d）参考诸书，融会贯通，作有系统的著作。

手到的功用。我常说：发表是吸收智识和思想的绝妙方法。吸收进来的智识思想，无论是看书来的，或是听讲来的，都只是模糊零碎，都算不得我们自己的东西。自己必须做一番手脚，或做提要，或做说明，或做讨论，自己重新组织过，申叙过，用自己的语言记述过——那种智识思想方才可算是你自己的了。

我可以举一个例。你也会说"进化"，他也会谈"进化"，但你对于"进化"这个观念的见解未必是很正确的，未必是很清楚的；也许只是一种"道听途说"，也许只是一种时髦的口号。这种知识算不得知识，更算不得是"你的"知识。假使你听了我这句话，不服气，今晚回去就去遍翻各种书籍，仔细研究进化论的科学上的根据；假使你翻了几天书之后，发愤动手，把你研究所得写成一篇读书札记；假使你真动手写了这么一篇《我为什么相信进化论？》的札记，列举了：

（一）生物学上的证据；

（二）比较解剖学上的证据；

（三）比较胚胎学上的证据；

（四）地质学和古生物学上的证据；

（五）考古学上的证据；

（六）社会学和人类学上的证据。

到这个时候，你所有关于"进化论"的知识，经过了一番组织安排，经过了自己的去取叙述，这时候这些知识方才可算是你自己的了。所以我说，发表是吸收的利器；又可以说，手到是心到的法门。

至于动手标点，动手翻字典，动手查书，都是极要紧的读书秘诀，诸位千万不要轻轻放过。内中自己动手翻书一项尤为要紧。我记得前几年我曾劝顾颉刚先生标点姚际恒的《古今伪书考》。当初我知道他的生活困难，希望他标点一部书付印，卖几个钱。那部书是很薄的一本，我以为他一两个星期就可以标点完了。哪知顾先生一去半年，还不曾交卷。原来他于每条引的书，都去翻查原书，仔细校对，注明出处，注明原书卷第，注明删节之处。他动手半年之后，来对我说，《古今伪书考》不必付印了，他现在要编辑一部疑古的丛书，叫作"辨伪丛刊"。

我很赞成他这个计划，让他去动手。他动手了一两年之后，更进步了，又超过那"辨伪丛刊"的计划了，他要自己创作了。他前年以来，对于中国古史，做了许多辨伪的文字；他眼前的成绩早已超过崔述了，更不要说姚际恒了。顾先生将来在中国史学界的贡献一定不可限量，但我们要知道他成功的最大原因是他的手到的功夫勤而且精。我们可以说，没有动手不勤快而能读书的，没有手不到而能成学者的。

第二要讲什么叫"博"。

什么书都要读，就是博。古人说"开卷有益"，我也主张这个意思，所以说读书第一要精，第二要博。我们主张"博"有两个意思：第一，为预备参考资料计，不可不博；第二，为做一个有用的人计，不可不博。

第一，为预备参考资料计。

在座的人，大多数是戴眼镜的。诸位为什么要戴眼镜？岂不是因为戴了眼镜，从前看不见的，现在看得见了；从前很小的，现在看得很大了；从前看不分明的，现在看得清楚分明了？王荆公说得最好：

> 世之不见全经久矣。读经而已，则不足以知经。故某自百家诸子之书，至于《难经》《素问》《本草》诸小说，无所不读；农夫女工，无所不问；然后于经为能知其大体而无疑。盖后世学者与先王之时异矣；不如是，不足以尽圣人故也。……致其知而后读，以有所去取，故异学不能

乱也。唯其不能乱，故能有所去取者，所以明吾道而已。（《答曾子固》）

他说："致其知而后读。"又说："读经而已，则不足以知经。"即如《墨子》一书在一百年前，清朝的学者懂得此书还不多。到了近来，有人知道光学、几何学、力学、工程学……一看《墨子》，才知道其中有许多部分是必须用这些科学的知识方才能懂的。后来有人知道了伦理学、心理学……懂得《墨子》更多了。读别种书愈多，《墨子》愈懂得多。

所以我们也说，读一书而已则不足以知一书。多读书，然后可以专读一书。譬如读《诗经》，你若先读了北大出版的《歌谣周刊》，便觉得《诗经》好懂得多了；你若先读过社会学、人类学，你懂得更多了；你若先读过文字学、古音韵学，你懂得更多了；你若读过考古学、比较宗教学等，你懂得的更多了。

你要想读佛家唯识宗的书吗？最好多读点伦理学、心理学、比较宗教学、变态心理学。无论读什么书总要多配几副好眼镜。

你们记得达尔文研究生物进化的故事吗？达尔文研究生物演变的现状，前后凡三十多年，积了无数材料，想不出一个简单贯串的说明。有一天他无意中读马尔萨斯的人口论，忽然大悟生存竞争的原则，于是得着物竞天择的道理，遂成一部破天荒的名著，给后世思想界打开一个新纪元。

所以要博学者，只是要加添参考的材料，要使我们读书时容易得"暗示"；遇着疑难时，东一个暗示，西一个暗示，就不至于呆读死书了。这叫作"致其知而后读"。

第二，为做人计。

专工一技一艺的人，只知一样，除此之外，一无所知。这一类的人，影响于社会很少。好有一比，比一根旗杆，只是一根孤拐，孤单可怜。

又有些人广泛博览，而一无所专长，虽可以到处受一班贱人的欢迎，其实也是一种废物。这一类人，也好有一比，比一张很大的薄纸，禁不起风吹雨打。

在社会上，这两种人都是没有什么大影响，为个人计，也很少乐趣。

理想中的学者，既能博大，又能精深。精深的方面，是他的专门学问。博大的方面，是他的旁搜博览。博大要几乎无所不知，精深要几乎唯他独尊，无人能及。他用他的专门学问做中心，次及于直接相关的各种学问，次及于间接相关的各种学问，次及于不很相关的各种学问，以次及毫不相关的各种泛览。这样的学者，也有一比，比埃及的金字三角塔。那金字塔（据最近《东方杂志》，第二十二卷第六号，页一四七）高四百八十英尺，底边各边长七百六十四英尺。塔的最高度代表最精深的专门学问；从此点依次递减，代表那旁收博览的各种相关或不相关的学问。塔底的面积代表博大的范围，精深的造诣，博大的同情心。这样的人，对社会是极有用的人才，对自己也能充分享受人生的趣味。宋儒程颢说得好：

> 须是大其心使开阔：譬如为九层之台，须大做脚
> 始得。

博学正所以"大其心使开阔"。我曾把这番意思编成两句粗浅的口号，现在拿出来贡献给诸位朋友，作为读书的目标：

> 为学要如金字塔，
> 要能广大要能高。

为什么读书 [*]

　　青年会叫我在未离南方赴北方之前在这里谈谈，我很高兴，题目是为什么读书。现在读书运动大会开始，青年会拣定了三个演讲题目。我看第二个题目"怎样读书"很有兴味，第三个题目"读什么书"更有兴味，第一个题目无法讲，为什么读书，连小孩子都知道，讲起来很难为情，而且也讲不好。所以我今天讲这个题目，不免要侵犯其余两个题目的范围，不过我仍旧要为其余两位演讲的人留一些余地。现在我就把这个题目来试一下看。我从前也有过一次关于读书的演讲，后来我把那篇演讲录略事修改，编入三集《文存》里面，那篇文章题目叫作《读书》，其内容性质较近于第二个题目，诸位可以拿来参考。今天我就来试试"为什么读书"这个题目。

　　从前有一位大哲学家作了一篇《读书乐》，说到读书的好

---

[*]　本文为1930年11月下旬在上海青年会的讲演词。

处，他说："书中自有千钟粟，书中自有黄金屋，书中自有颜如玉。"这意思就是说，读了书可以做大官，获厚禄，可以不至于住茅草房子，可以娶得年轻的漂亮太太（台下哄笑）。诸位听了笑起来，足见诸位对于这位哲学家所说的话不十分满意。现在我就讲所以要读书的别的原因。

为什么要读书？有三点可以讲：第一，因为书是过去已经知道的智识学问和经验的一种记录，我们读书便是要接受这人类的遗产；第二，为要读书而读书，读了书便可以多读书；第三，读书可以帮助我们解决困难，应付环境，并可获得思想材料的来源。我一踏进青年会的大门，就看见许多关于读书的标语。为什么读书？大概诸位看了这些标语就都已知道了，现在我就把以上三点更详细地说一说。

第一，因为书是代表人类老祖宗传给我们的智识的遗产，我们接受了这遗产，以此为基础，可以继续发扬光大，更在这基础之上，建立更高深更伟大的智识。人类之所以与别的动物不同，就是因为人有语言文字，可以把智识传给别人，又传至后人，再加以印刷术的发明，许多书报便印了出来。人的脑很大，与猴不同，人能造出语言，后来更进一步而有文字，又能刻木刻字；所以人最大的贡献就是留下过去的智识和经验，使后人可以节省许多脑力。非洲野蛮人在山野中遇见鹿，他们就画了一个人和一只鹿以代信，给后面的人叫他们勿追。但是把智识和经验遗给儿孙有什么用处呢？这是有用处的，因为这是前人很好的教训。现在学校里各种教科书，如物理、化学、历史，等等，都是根据几千年来进步的智识编纂成书的，一年、两年，或者三年，教完一科。自小学、中学，而至大学毕业，这十六年中所受的教育，都是代表我们老祖宗几千年来得来的智识学问和经验。所谓进化，就是叫人节省劳力，蜜蜂虽能筑巢，能发明，但传下来就只有这一点智识，没有继续去改革改良，以应付环境，没有做格外进一步的工作。人呢，达不到目的，就再去求进步，而以前人的智识学问和经验作参考。如果每样东西，要个个人从头学起，而不去利用过去的智识，那不是太麻烦吗？所以人有了这智识的遗产，就可以自己去成家立业，就可以缩短工作，使有余力做别的事。

第二点稍复杂，就是为读书而读书。读书不是那么容易的一件事情，不读书不能读书，要能读书才能多读书。好比戴了眼镜，小的可以放大，糊涂的可以看得清楚，远的可以变为近。读书也要戴眼镜。眼镜越好，读书的了解力也越大。王安石对曾子固说："读经而已，则不足以知经。"所以他对于本草、内经、小说，无所不读，这样对于经才可以明白一些。王安石说："致其知而后读。"

请你们注意，他不说读书以致知，却说，先致知而后读书。读书固然可以扩充知识；但知识越扩充了，读书的能力也越大。这便是"为读书而读书"的意义。

试举《诗经》做个例子。从前的学者把《诗经》看作"美""刺"的圣书，越讲越不通。现在的人应该多预备几副好眼镜，人类学的眼镜、考古学的眼镜、文法学的眼镜、文学

第一章 读书杂谈

的眼镜。眼镜越多越好，越精越好。例如"野有死麕，白茅包之。有女怀春，吉士诱之"；我们若知道比较民俗学，便可以知道打了野兽送到女子家去求婚，是平常的事。又如"钟鼓乐之，琴瑟友之"，也不必说什么文王太姒，只可看作少年男子在女子的门口或窗下奏乐唱和，这也是很平常的事。再从文法方面来观察，像《诗经》里"之子于归""黄鸟于飞""凤凰于飞"的"于"字；此外，《诗经》里又有几百个的"维"字，还有许多"助词""语词"，这些都是有作用而无意义的虚字，但以前的人却从未注意及此。这些字若不明白，《诗经》便不能懂。再说在《墨子》一书里，有点光学、力学，又有点经济学。但你要懂得光学，才能懂得墨子所说的光；你要懂得各种智识，才能懂得《墨子》里一些最难懂的文句。总之，读书是为了要读书，多读书更可以读书。最大的毛病就在怕读书，怕读难书。越难读的书我们越要征服它们，把它们作为我们的奴隶或向导，我们才能够打倒难书，这才是我们的"读书乐"。若是我们有了基本的科学知识，那么，我们在读书时便能左右逢源。我再说一遍，读书的目的在于读书，要读书越多才可以读书越多。

第三点，读书可以帮助解决困难，应付环境，供给思想材料。知识是思想材料的来源。思想可分作五步。思想的起源是大的疑问。吃饭拉屎不用想，但逢着三岔路口、十字街头那样的环境，就发生困难了。走东或走西，这样做或是那样做，有了困难，才有思想。第二步要把问题弄清，究竟困难在哪一点上。第三步才想到如何解决，这一步，俗话叫作出主意。但主意太多，都采用也不行，必须挑选。但主意太少，或者竟全无主意，那就更没有办法了。第四步就是要选择一个假定的解决方法。要想到这一个方法能不能解决。若不能，那么，就换一个；若能，就行了。这好比开锁，这一个钥匙开不开，就换一个；假定是可以开的，那么，问题就解决了。第五步就是证实。凡是有条理的思想都要经过这步，或是逃不了这五个阶段。科学家要解决问题，侦探要侦探案件，多经过这五步。

这五步之中，第三步是最重要的关键。问题当前，全靠有主意（Ideas）。主意从哪儿来呢？从学问经验中来。没有智识的人，见了问题，两眼白瞪瞪，抓耳挠腮，一个主意都不来。学问丰富的人，见着困难问题，东一个主意，西一个主意，挤上来，涌上来，请求你录用。读书是过去智识学问经验的记录，而智识学问经验就是要用在这时候，所谓养军千日，用在一朝。否则，学问一些都没有，遇到困难就要糊涂起来。例如达尔文把生物变迁现象研究了几十年，却想不出一个原则去整统他的材料。后来无意中看到马尔萨斯的人口论，说人口是按照几何学级数一倍一倍地增加，粮食是按照数学级数增加，达尔文研究了这原则，忽然触机，就把这原则应用到生物学上去，创了物竞天择的学说。读了经济学的书，可以得着一个解决生物学上的困难问题，这便是读书的功用。古人说"开卷有益"，正是此意。读书不是单为文凭功名，只因为书中可以供给学问知识，可以帮助我们解决困难，可以帮助我们思想。又譬如从前的人以为地球是世界的中心，后来天文学家哥白尼却主张太阳是世界的中心，绕着地球而行。据罗素说，哥白尼所以这样的解说，是因为希腊人已经讲过这句话；假使希腊没有这句话，恐怕更不容易有人敢说这句话吧。这也是读书的好处。

有一家书店印了一部旧小说叫作《醒世姻缘》，要我作序。这部书是西周生所著的，印好后在我家藏了六年，我还不曾考出西周生是谁。这部小说讲到婚姻问题，其内容是这样：有个好老婆，不知何故，后来忽然变坏，作者没有提及解决方法，也没有想到可以离婚，只说是前世作孽，因为在前世男虐待女，女就投生换样子，压迫者变为被压迫者。这种前世作孽，起先相爱，后来忽变的故事，我仿佛什么地方看见过。后来忽然想起《聊斋》一书中有一篇和这相类似的笔记，也是说到一个女子，起先怎样爱着她的丈夫，后来怎样变为凶太太，便想到这部小说大约是蒲留仙或是蒲留仙的朋友作的。去年我看到一本杂记，也说是蒲留仙作的，不过没有多大证据。今年我在北京，才找到了证据。这一件事可以解释刚才我所说的第二点，就是读书可以帮助读书，同时也可以解释第三点，就是读书可以供给出主意的来源。当初若是没有主意，到了逢着困难时便要手足无措，所以读书可以解决问题，就是军事、政治、财政、思想等问题，也都可以解决，这就是读书的用处。

我有一位朋友，有一次傍着灯看小说，洋灯装有油，但是不亮，因为灯芯短了。于是他想到《伊索寓言》里有一篇故事，说是一只老鸦要喝瓶中的水，因为瓶太小，得不到水，它就衔石投瓶中，水乃上来。这位朋友是懂得化学的，于是加水于灯中，油乃碰到灯芯。这是看《伊索寓言》给他看小说的帮助。读书好像用兵，养兵求其能用，否则即使坐拥十万二十万的大兵也没有用处，难道只好等他们"兵变"吗？

至于"读什么书"，下次陈钟凡先生要讲演，今天我也附带地讲一讲。我从五岁起到了四十岁，读了三十五年的书。我可以很诚恳地说，中国旧籍是经不起读的。中国有五千年文化，"四部"的书已是汗牛充栋。究竟有几部书应该读，我也曾经想过。其中有条理有系统的精心结构之作，两千五百年以来恐怕只有半打。"集"是杂货店，"史"和"子"还是杂货店。至于"经"，也只是杂货店，讲到内容，可以说没有一些东西可以给我们改进道德增进智识提供帮助。中国书不够读，我们要另开生路，辟殖民地，这条生路，就是每一个少年人必须至少要精通一种外国文字。读外国语要读到有乐而无苦，能做到这地步，书中便有无穷乐趣。希望大家不要怕读书，起初的确要查阅字典，但假使能下一年苦功，继续不断做去，那么，在一二年中定可开辟一个乐园，还只怕求知的欲望太大，来不及读呢。我总算是老大哥，今天我就根据我过去三十五年读书的经验，给你们这一个临别的忠告。

读书的习惯重于方法

读书会进行的步骤，也可以说是采取的方式大概不外三种：

第一种是大家共同选定一本书本读，然后互相交换自己的心得及感想。

第二种是由下往上的自动方式，就是先由会员共同选定某一个专题，限定范围，再由指导者按此范围拟定详细节目，指定参考书籍。每人须于一定期限内作成报告。

第三种是先由导师拟定许多题目，再由各会员任意选定。研究完毕后写成报告。

至于读书的方法我已经讲了十多年，不过在目前我觉到读书全凭先养成好读书的习惯。读书无捷径，是没有什么简便省力的方法可言的。读书的习惯可分为三点：一是勤，二是慎，三是谦。

勤苦耐劳是成功的基础，做学问更不能欺己欺人，所以非勤不可。其次谨慎小心也是很重要的，清代的汉学家著名的如高邮王氏父子、段茂堂等的成功，都是遇事不肯轻易放过，旁人看不见的自己便可看见了。如今的放大几千万倍的显微镜，也不过想把从前看不见的东西现在都看见罢了。谦就是态度的谦虚，自己万不可先存一点成见，总要不分地域门户，一概虚心地加以考察后，再决定取舍。这三点都是很要紧的。

其次还有个买书的习惯也是必要的，闲时可多往书摊上逛逛，无论什么书都要去摸一摸，你的兴趣就是凭你伸手乱摸后才知道的。图书馆里虽有许多的书供你参考，然而这是不够的。因为你想往上圈画一下都不能，更不能随便地批写。所以至少像对于自己所学的有关的几本必备书籍，无论如何，就是少买一双皮鞋，这些书是非买不可的。

青年人要读书，不必先谈方法，要紧的是先养成好读书、好买书的习惯。

找 书 的 快 乐 *

主席、诸位先生：

　　我不是藏书家，只不过是一个爱读书、能够用书的书生，自己买书的时候，总是先买工具书，然后才买本行书，换一行时，就得另外买一种书。今年我六十九岁了，还不知道自己的本行到底是哪一门？是中国哲学呢？还是中国思想史？抑或是中国文学史？或者是中国小说史？《水经注》？中国佛教思想史？中国禅宗史？我所说的"本行"，其实就是我的兴趣，兴趣愈多就愈不能不收书了。十一年前我离开北平时，已经有一百箱的书，大约有一二万册。离开北平以前的几小时，我曾经暗想着：我不是藏书家，但却是用书家。收集了这么多的书，舍弃了太可惜，带吧，因为坐飞机又带不了。结果只带了一些笔记，并且在那一二万册书中，挑选了一部书，作为对一二万册

<hr>

* 本文为1959年12月27日在台北图书馆学会年会的演讲词。

书的纪念，这一部书就是残本的《红楼梦》。四本只有十六回，这四本《红楼梦》可以说是世界上最老的抄本。收集了几十年的书，到末了只带了四本，等于当兵缴了械，我也变成一个没有棍子、没有猴子的变把戏的叫花子。

这十一年来，又蒙朋友送了我很多书，加上历年来自己新买的书，又把我现在住的地方堆满了，但是这都是些不相干的书，自己本行的书一本也没有。找资料还需要依靠中研院史语所的图书馆和别的图书馆，如台湾大学图书馆、"中央"图书馆等救急。

找书有甘苦，真伪费推敲

我这个用书的旧书生，一生找书的快乐固然有，但是找不到书的苦处也尝到过。民国九年（1920 年）七月，我开始写《水浒传考证》的时候，参考的材料只有金圣叹的七十一回本《水浒传》《征四寇》及《水浒后传》等，至于《水浒传》的一百回本、一百一十回本、一百一十五回本、一百廿回本、一百廿四回本，还都没有看到。等我的《水浒传考证》问世的时候，日本才发现《水浒》的一百一十五回本及一百回本、一百一十回本及一百廿回本。同时我自己也找到了一百一十五回本及一百廿四回本。做考据工作，没有书是很可怜的。考证《红楼梦》的时候，大家知道的材料很多，普通所看到的《红楼梦》都是一百廿回本。这种一百廿回本并非真的《红楼梦》。

曹雪芹四十多岁死去时，只写到八十回，后来由程伟元、高鹗合作，一个出钱，一个出力，完成了后四十回。乾隆五十六年的活字版排出了一百廿回的初版本，书前有程、高二人的《序文》，说：

> 世人都想看到《红楼梦》的全本，前八十回中黛玉未死，宝玉未娶，大家极想知道这本书的结局如何？但却无人找到全的《红楼梦》。近因程、高二人在一卖糖摊子上发现有一大卷旧书，细看之下，竟是世人遍寻无着的《红楼梦》后四十回，因此特加校订，与前八十回一并刊出。

可是天下这样巧的事很少，所以我猜想《序文》中的说法不可靠。

考证《红楼梦》，清查曹雪芹

三十年前我考证《红楼梦》时，曾经提出两个问题，这是研究红学的人值得研究的：一、《红楼梦》的作者是谁？作者是怎样一个人？他的家世如何？家世传记有没有可考的资料？曹雪芹所写的那些繁华世界是有根据的吗？还是关着门自己胡诌乱说？二、《红楼梦》的版本问题，是八十回？还是一百廿回？后四十回是哪里来的？那时候有七八种《红楼梦》的考证，俞平伯、顾颉刚都帮我找过材料。最初发现乾隆五十七年（1792

年）有程伟元《序》的乙本，其中并有高鹗的《序文》及引言
七条，以后发现早一年出版的甲本，证明后四十回是高鹗所
续，而由程伟元出钱活字刊印。又从其他许多材料里知道曹雪
芹家为江南的织造世职，专为皇室纺织绸缎，供给宫内帝后、
妃嫔及太子、王孙等穿戴，或者供皇帝赏赐臣下。后来在清理
故宫时，从康熙皇帝一秘密抽屉内发现若干文件，知道曹雪芹
的祖父曹寅，等于皇帝派出的特务，负责察看民心年成，或是
退休丞相的动态，由此可知曹家为阔绰大户。《红楼梦》中有一
段说到王熙凤和李嬷嬷谈皇帝南巡，下榻贾家，可知是真的事
实。以后我又经河南的一位张先生指点，找到杨钟羲的《雪桥
诗话》及《八旗经文》，以及有关爱新觉罗宗室敦诚、敦敏的记
载，知道曹雪芹名霑、号雪芹，是曹寅的孙子，接着又找到了
《八旗人诗抄》《熙朝雅颂集》，找到敦诚、敦敏兄弟赐送曹雪芹
的诗，又找到敦诚的《四松堂集》，是一本清抄未删底本，其中
有挽曹雪芹的诗，内有"四十年华付杳冥"句，下款年月日为
甲申（即乾隆甲申廿九年，西历 1764 年）。从这里可以知道曹
雪芹去世的年代，他的年龄为四十岁左右。

险失好材料，再评《石头记》

　　民国十六年我从欧美返国，住在上海，有人写信告诉我，
要卖一本《脂砚斋评石头记》给我，那时我以为自己的资料已
经很多，未加理会。不久以后和徐志摩在上海办新月书店，那

人又将书送来给我看，原来是甲戌年手抄再评本，虽然只有十六回，但却包括了很多重要史料。里面有"壬午除夕，书未成，芹为泪尽而逝。甲午八月泪笔"的句子，指出曹雪芹逝于乾隆廿七年冬，即西历1763年2月12日。"字字看来皆是血，十年辛苦不寻常"诗句，充分描绘出曹雪芹写《红楼梦》时的情态。脂砚斋则可能是曹雪芹的太太或朋友。自从民国十七年二月我发表了《考证红楼梦的新材料》之后，大家才注意到《脂砚斋评石头记》。不过，我后来又在民国廿二年从徐星署先生处借来一部庚辰秋定本脂砚斋四阅评过的《石头记》，是乾隆廿五年本，八十回，其中缺六十四、六十七两回。

谈《儒林外史》，推赞吴敬梓

现在再谈谈我对《儒林外史》的考证。《儒林外史》是部骂当时教育制度的书，批评政治制度中的科举制度。我起初发现的只有吴敬梓的《文木山房集》中的赋一卷（4篇），诗二卷（131首），词一卷（47首），拿这当作材料。但是在一百年前，我国的大诗人金和，他在跋《儒林外史》时，说他收有《文木山房集》，有文五卷。可是一般人都说《文木山房集》没有刻本，我不相信，便托人在北京的书店找，找了几年都没有结果，到了民国七年才在带经堂书店找到。我用这本集子参考安徽《全椒县志》，写成一本一万八千字的《吴敬梓年谱》，中国小说传记资料，没有一个能比这更多的。民国十四年我把这本书排印问世。

如果拿曹雪芹和吴敬梓二人做一个比较，我觉得曹雪芹的思想很平凡，而吴敬梓的思想则是超过当时的时代，有着强烈的反抗意识。吴敬梓在《儒林外史》里，严厉地批评教育制度，而且有他的较科学化的观念。

有计划找书，考证神会僧

前面谈到的都是没有计划地找书，有计划地找书更是其乐无穷。所谓有计划地找书，便是用"大胆的假设，小心的求证"方法去找书。现在再拿我找神会和尚的事做例子，这是我有计划地找书。神会和尚是唐代禅宗七祖大师，我从《宋高僧传》的慧能和神会传里发现神会和尚的重要，当时便做了个大胆的假设，猜想有关神会和尚的资料只有日本和敦煌两地可以发现。因为唐朝时，日本派人来中国留学的很多，一定带回去不少史料。经过"小心的求证"，后来果然在日本找到宗密的《圆觉大疏抄》和《禅源诸诠集》，另外又在巴黎的国家图书馆及伦敦的大英博物馆发现数卷神会和尚的资料。知道神会和尚是湖北襄阳人，到洛阳、长安传播大乘佛法，并指陈当时的两京法祖三帝国师非禅宗嫡传，远在广东的六祖慧能才是真正禅宗一脉相传下来的。但是神会的这些指陈不为当时政府所取信，反而贬走神会。刚好那时发生安史之乱，唐玄宗远避四川，肃宗召郭子仪平乱，这时国家财政贫乏，军队饷银只好

用度牒代替，如此必须要有一位高僧宣扬佛法令人乐于接受度
牒。神会和尚就担任了这项推行度牒的任务。郭子仪收复两京
（洛阳、长安），军饷的来源，不得不归功神会。安史之乱平了
后，肃宗迎请神会入宫奉养，并且尊神会为禅宗七祖，所以神
会是南宗的急先锋，北宗的毁灭者，新禅学的建立者，《坛经》
的创作者，在中国佛教史上没有第二个人有这样伟大的功勋。
我所研究的《神会和尚遗集》可望在明年由中央研究院历史语
言研究所出版。

　　最后，根据我个人几十年来找书的经验，发现我们过去
的藏书的范围是偏狭的，过去收书的目标集中于收藏古董，小
说之类决不在藏书之列。但我们必须了解了解，真正收书的态
度，是要无所不收的。

小学及初中毕业应达最低限度的程度

小学校（六年）毕业时，应有下列的最低限度的程度

1. 国语文学

（a）语言

（1）能用国语讲演。（此处所谓讲演，系指事前有预备的讲演。预备时，不妨写出讲演稿，发表时，不用底稿。）

（2）能用本地方言讲演。

（b）文字

（1）读书

（甲）识字：四千个以上。（此所谓"字"，包括单音字与复音字两项。如"儿"是一个字，"儿童""儿子""女儿"另是三个字。又如"说"是一个字，"演说""小说""说明"另是三个字。）能运用字典。

（乙）读物：能读语体的文学书，如《西游记》之类；并能读有标点的浅近文言的书报，如《申报》《三国演义》之类。

（2）写字：能写正字及通行的行书字体。

（3）作文：能作语体的应用文，包括写信、记事、说明、辩论的文章。要没有文法的大谬误，还要养成随笔标点的习惯。（不必作文言文）

2．算术

（a）应熟悉整数和分数的"四则"的应用，能求面积和体积，能换算各种度量衡，能用比例推算，能求百分，能算利息。

（b）应知普通簿记。

（c）应能用笔算的原理使用珠算，能纯熟使用珠算上的"四则"。

3．社会的科目

（a）历史的知识：

（1）本国文化史上的大变迁。

（2）世界近三百年的大势。

（b）地理的知识：

（1）地理学的常识。

（2）本国地理的大要。

（3）世界的大概。

（c）公民的知识：

（1）人生道德的要旨。

（2）公民常识。

（3）团体生活的经验。

4．自然的研究

（a）能知道生物（混合动植）学的大意。

（b）能采集植物昆虫的标本。

（c）矿物的分类，地质学的要旨。

（d）浅近物理、化学的常识。

（e）能使用理化实验的基本用具。

（f）能了解普通的科学工艺品。（如电报电话之类。）

5．体育的知识与能力

（a）生理卫生学的常识。

（b）简易治疗法与预防法。

（c）公共卫生的原则与设计。

（d）游戏。

（e）体操：基本操、柔软操、器械操。

初级中学（三年）毕业时，应有下列的最低限度的程度

1．国文

（a）读书

（1）能赏玩现代语体的文学作品。

（2）能了解简易的文言文学书。（如唐宋以来所谓"古文"及史传的文学。）

（3）能运用词典及类书。

（b）作文

（1）能作长篇的语体文。

（2）能作通顺的文言短文。

（3）了解语体文与文言文的文法。

2．外国语

（a）文法

能了解文法的大要：

（1）词的分类。

（2）名词、动词的变化。

（3）句的构造与分析。

（b）读书

（1）发音正确。

（2）能用字典读浅易的故事。

（c）说话：能作普通的会话。

（d）作文：能翻译句子。

我们对于西洋近代文明的态度

　　今日最没有根据而又最有毒害的妖言是讥贬西洋文明为唯物的（Materialistic），而尊崇东方文明为精神的（Spiritual）。这本是很老的见解，在今日却有新兴的气象。从前东方民族受了西洋民族的压迫，往往用这种见解来解嘲，来安慰自己。近几年来，欧洲大战的影响使一部分的西洋人对于近世科学的文化起一种厌倦的反感，所以我们时时听见西洋学者有崇拜东方的精神文明的议论。这种议论，本来只是一时的病态的心理，却正投合东方民族的夸大狂；东方的旧势力就因此增加了不少的气焰。

　　我们不愿"开倒车"的少年人，对于这个问题不能没有一种彻底的见解，不能没有一种鲜明的表示。

　　现在高谈"精神文明""物质文明"的人，往往没有共同的标准做讨论的基础，故只能作文字上或表面上的争论，而不能有根本的了解。我想提出几个基本观念来做讨论的标准。

第一，文明（Civilization）是一个民族应付它的环境的总成绩。

第二，文化（Culture）是一种文明所形成的生活的方式。

第三，凡一种文明的造成，必有两个因子：一是物质的（Material），包括种种自然界的势力与质料；一是精神的（Spiritual），包括一个民族的聪明才智、感情和理想。凡文明都是人的心思智力运用自然界的质与力的作品；没有一种文明是精神的，也没有一种文明单是物质的。

我想这三个观念是不须详细说明的，是研究这个问题的人都可以承认的。一只瓦盆和一只铁铸的大蒸汽炉，一只舢板船和一只大汽船，一部单轮小车和一辆电力街车，都是人的智慧利用自然界的质力制造出来的文明，同有物质的基础，同有人类的心思才智。这里面只有个精粗巧拙的程度上的差异，却没有根本上的不同。蒸汽铁炉固然不必笑瓦盆的幼稚，单轮小车上的人也更不配自夸他的精神的文明，而轻视电车上人的物质的文明。

因为一切文明都少不了物质的表现，所以"物质的文明"（Material Civilization）是一个名词，不应该有什么讥贬的含义。我们说一部摩托车是一种物质的文明，不过单指他的物质的形体；其实一部摩托车所代表的人类的心思智慧绝不亚于一首诗所代表的心思智慧。所以"物质的文明"不是和"精神的文明"反对的一个贬词，我们可以不讨论。

我们现在要讨论的是：（1）什么叫作"唯物的文明"

（Materialistic Civilization）？（2）西洋现代文明是不是唯物的文明。

崇拜所谓东方精神文明的人说，西洋近代文明偏重物质上和肉体上的享受，而略视心灵上与精神上的要求，所以是唯物的文明。

我们先要指出这种议论含有灵肉冲突的成见，我们认为错误的成见。我们深信，精神的文明必须建筑在物质的基础之上。提高人类物质上的享受，增加人类物质上的便利与安逸，这都是朝着解放人类的能力的方向走，使人们不至于把精力心思全抛在仅仅生存之上，使他们可以有余力去满足他们的精神上的要求。东方的哲人曾说：

衣食足而后知荣辱，仓廪实而后知礼节。

这不是什么舶来的"经济史观"，这是平恕的常识。人世的大悲剧是无数的人们终身做血汗的生活，而不能得着最低限度的人生幸福，不能避免冻与饿。人世的更大悲剧是人类的先知先觉者眼看无数人们的冻饿，不能设法增进他们的幸福，却把"乐天""安命""知足""安贫"种种催眠药给他们吃，叫他们自己欺骗自己，安慰自己。西方古代有一则寓言说狐狸想吃葡萄，葡萄太高了，他吃不着，只好说"我本不爱吃这酸葡萄！"狐狸吃不着甜葡萄，只好说葡萄是酸的；人们享不着物质上的快乐，只好说物质上的享受是不足羡慕的，而贫贱是可以骄人的。这样自欺自慰成了懒惰的风气，又不足为奇了。于是有狂病的人又进一步，索性回过头去，戕贼身体，断臂，绝食，焚身，以求那幻想的精神的安慰。从自欺自慰以至于自残自杀，人生观变成了人死观，都是从一条路上来的：这条路就是轻蔑人类的基本的欲望。朝这条路上走，逆天而拂性，必至于养成懒惰的社会，多数人不肯努力以求人生基本欲望的满足，也就不肯进一步以求心灵上与精神上的发展了。

西洋近代文明的特色便是充分承认这个物质的享受的重要。西洋近代文明，依我的鄙见看来，是建筑在三个基本观念之上：

第一，人生的目的是求幸福。

第二，所以贫穷是一桩罪恶。

第三，所以衰病是一桩罪恶。

借用一句东方古话，这就是一种"利用厚生"的文明。因为贫穷是一桩罪恶，所以要开发富源，奖励生产，改良制造，扩张商业。因为衰病是一桩罪恶，所以要研究医药，提倡卫生，讲求体育，防止传染的疾病，改善人种的遗传。因为人生的目的是求幸福，所以要经营安适的起居，便利的交通，洁净的城市，优美的艺术，安全的社会，清明的政治。纵观西洋近代的一切工艺、科学、法制，固然其中也不少杀人的利器与侵略掠夺的制度，我们终不能不承认那利用厚生的基本精神。

这个利用厚生的文明，当真忽略了人类心灵上与精神上的要求吗？当真是一种唯物的文明吗？

我们可以大胆地宣言：西洋近代文明绝不轻视人类的精神上的要求。我们还可以大胆地进一步说：西洋近代文明能够满足人类心灵上的要求的程度，远非东洋旧文明所能梦见。在这一方面看来，西洋近代文明绝非唯物的，乃是理想主义的（Idealistic），乃是精神的（Spiritual）。

我们先从理智的方面说起。

西洋近代文明的精神方面的第一特色是科学。科学的根本精神在于求真理。人生世间，受环境的逼迫，受习惯的支配，受迷信与成见的拘束。只有真理可以使你自由，使你强有力，使你聪明圣智；只有真理可以使你打破你的环境里的一切束缚，使你戡天，使你缩地，使你天不怕、地不怕，堂堂地做一个人。

求知是人类天生的一种精神上的最大要求。东方的旧文明对于这个要求，不但不想满足它，并且常想裁制它，断绝它。所以东方古圣人劝人要"无知"，要"绝圣弃智"，要"断思维"，要"不识不知，顺帝之则"。这是畏难，这是懒惰。这种文明，还能自夸可以满足心灵上的要求吗？

东方的懒惰圣人说："吾生也有涯，而知也无涯，以有涯逐无涯，殆已。"所以他们要人静坐澄心，不思不虑，而物来顺应。这是自欺欺人的诳语，这是人类的夸大狂。真理是深藏在事物之中的；你不去寻求探讨，它决不会露面。科学的文明教人训练我们的官能智慧，一点一滴地去寻求真理，一丝一毫不放过，一铢一两地积起来。这是求真理的唯一法门。自然

（Nature）是一个最狡猾的妖魔，只有敲打逼拶可以逼它吐露真情。不思不虑的懒人只好永永作愚昧的人，永永走不进真理之门。

东方的懒人又说："真理是无穷尽的，人的求知的欲望如何能满足呢？"诚然，真理是发现不完的。但科学决不因此而退缩。科学家明知真理无穷，知识无穷，但他们仍然有他们的满足：进一寸有一寸的愉快，进一尺有一尺的满足。两千多年前，一个希腊哲人思索一个难题，想不出道理来；有一天，他跳进浴盆去洗澡，水涨起来，他忽然明白了，他高兴极了，赤裸裸地跑出门去，在街上乱嚷道："我寻着了！我寻着了！"（Eureka！Eureka！）这是科学家的满足。Newton，Pasteur 以至于 Edison 时时有这样的愉快。一点一滴都是进步，一步一步都可以踌躇满志。这种心灵上的快乐是东方的懒圣人所梦想不到的。

这里正是东西文化的一个根本不同之点。一边是自暴自弃的不思不虑，一边是继续不断地寻求真理。

朋友们，究竟是哪一种文化能满足你们的心灵上的要求呢？

其次，我们且看看人类的情感与想象力上的要求。

文艺、美术，我们可以不谈，因为东方的人，凡是能睁开眼睛看世界的，至少还都能承认西洋人并不曾轻蔑了这两个重要的方面。

我们来谈谈道德与宗教罢。

　　近世文明在表面上还不曾和旧宗教脱离关系，所以近世文化还不曾明白建立它的新宗教新道德。但我们研究历史的人不能不指出近世文明自有它的新宗教与新道德。科学的发达提高了人类的知识，使人们求知的方法更精密了，评判的能力也更进步了，所以旧宗教的迷信部分渐渐被淘汰到最低限度，渐渐地连那最低限度的信仰——上帝的存在与灵魂的不灭——也产生疑问了。所以这个新宗教的第一特色是它的理智化。近世文明仗着科学的武器，开辟了许多新世界，发现了无数新真理，征服了自然界的无数势力，叫电气赶车，叫"以太"送信，真个作出种种动地掀天的大事业来。人类的能力的发展使它渐渐增加对于自己的信仰心，渐渐把向来信天安命的心理变成信任人类自己的心理。所以这个新宗教的第二特色是它的人化。智识的发达不但抬高了人的能力，并且扩大了他的眼界，使他胸襟阔大，想象力高远，同情心浓挚。同时，物质享受的增加使人有余力可以顾到别人的需要与痛苦。扩大了的同情心加上扩大了的能力，遂产生了一个空前的社会化的新道德，所以这个新宗教的第三特色就是它的社会化的道德。

　　古代的人因为想求得感情上的安慰，不惜牺牲理智上的要求，专靠信心（Faith），不问证据，于是信鬼，信神，信上帝，信天堂，信净土，信地狱。近世科学便不能这样专靠信心了。科学并不菲薄感情上的安慰；科学只要求一切信仰须要禁得起理智的评判，须要有充分的证据。凡没有充分证据的，只可存疑，不足信仰。赫胥黎（Huxley）说得最好：

如果我对于解剖学上或生理学上的一个小小困难，必须要严格的不信任一切没有充分证据的东西，方才可望有成绩，那么，我对于人生的奇秘的解决，难道就可以不用这样严格的条件吗？

这正是十分尊重我们的精神上的要求。我们买一亩田，卖三间屋，尚且要一张契据；关于人生的最高希望的根据，岂可没有证据就胡乱信仰吗？

这种"拿证据来"的态度，可以称为近世宗教的"理智化"。

从前人类受自然的支配，不能探讨自然界的秘密，没有能力抵抗自然的残酷，所以对于自然常怀着畏惧之心。拜物，拜畜生，怕鬼，敬神，"小心翼翼，昭事上帝"，都是因为人类不信任自己的能力，不能不倚靠一种超自然的势力。现代的人便不同了。人的智力居然征服了自然界的无数质力，上可以飞行无碍，下可以潜行海底，远可以窥算星辰，近可以观察极微。这个两只手一个大脑的动物——人——已成了世界的主人翁，他不能不尊重自己了。一个少年的革命诗人曾这样地歌唱：

> 我独自奋斗，胜败我独自承当，
> 我用不着谁来放我自由，
> 我用不着什么耶稣基督，
> 妄想他能替我赎罪替我死。

I fight alone and win or sink,

I need no one to make me free,

I want no Jesus Christ to think,

That he could ever die for me.

这是现代人化的宗教。信任天不如信任人，靠上帝不如靠自己。我们现在不妄想什么天堂天国了，我们要在这个世界上建造"人的乐国"。我们不妄想做不死的神仙了，我们要在这个世界上做个活泼健全的人。我们不妄想什么四禅定六神通了，我们要在这个世界上做个有聪明智慧可以戡天缩地的人。我们也许不轻易信仰上帝的万能了，我们却信仰科学的方法是万能的，人的将来是不可限量的。我们也许不信灵魂的不灭了，我们却信人格是神圣的，人权是神圣的。

这是近世宗教的"人化"。

但最重要的要算近世道德宗教的"社会化"。

古代的宗教大抵注重个人的拯救；古代的道德也大抵注重个人的修养。虽然也有自命普度众生的宗教，虽然也有自命兼济天下的道德，然而终苦于无法下手，无力实行，只好仍旧回到个人的身心上用功夫，做那向内的修养。越向内做工夫，越看不见外面的现实世界；越在那不可捉摸的心性上玩把戏，越没有能力应付外面的实际问题。即如中国八百年的理学工夫居然看不见二万万妇女缠足的惨无人道！明心见性，何补于人道的苦痛困穷！坐禅主敬，不过造成许多"四体不勤，五谷不分"的废物！

近世文明不从宗教下手，而结果自成一个新宗教；不从道德入门，而结果自成一派新道德。15、16世纪的欧洲国家简直都是几个海盗的国家，哥伦布（Columbus）、马汲伦（Magellan）、都芮克（Drake）一班探险家都只是一些大海盗。他们的目的只是寻求黄金、白银、香料、象牙、黑奴。然而这班海盗和海盗带来的商人开辟了无数新地，开拓了人的眼界，抬高了人的想象力，同时又增加了欧洲的富力。工业革命接着起来，生产的方法根本改变了，生产的能力更发达了。二三百年间，物质上的享受逐渐增加，人类的同情心也逐渐扩大。这种扩大的同情心便是新宗教新道德的基础。自己要争自由，同时便想到别人的自由，所以不但自由须以不侵犯他人的自由为界限，并且还进一步要要求绝大多数人的自由。自己要享受幸福，同时便想到人的幸福，所以乐利主义（Utilitarianism）的哲学家便提出"最大多数的最大幸福"的标准来做人类社会的目的。这都是"社会化"的趋势。

18世纪的新宗教信条是自由、平等、博爱。19世纪中叶以后的新宗教信条是社会主义。这是西洋近代的精神文明，这是东方民族不曾有过的精神文明。

固然东方也曾有主张博爱的宗教，也曾有公田均产的思想。但这些不过是纸上的文章，不曾实地变成社会生活的重要部分，不曾变成范围人生的势力，不曾在东方文化上发生多大的影响，在西方便不然了。"自由、平等、博爱"成了18世纪的革命口号。美国的革命，法国的革命，1848 年全欧洲的革命运动，1862 年的南北美战争，都是在这三大主义的旗帜之下的大革命。美国的宪法，法国的宪法，以至于南美洲诸国的宪法，都是受了这三大主义的绝大影响的。旧阶级的打倒，专制政体的推翻，法律之下人人平等的观念的普遍，"信仰、思想、言论、出版"几大自由的保障的实行，普及教育的实施，妇女的解放，女权的运动，妇女参政的实现……都是这个新宗教新道德的实际的表现。这不仅仅是三五个哲学家书本子里的空谈，这都是西洋近代社会政治制度的重要部分，这都已成了范围人生，影响实际生活的绝大势力。

19 世纪以来，个人主义的趋势的流弊渐渐暴白于世了，资本主义之下的苦痛也渐渐明了了。远识的人知道自由竞争的经济制度不能达到真正"自由、平等、博爱"的目的。向资本家手里要求公道的待遇，等于"与虎谋皮"。救济的方法只有两条大路：一是国家利用其权力，实行裁制资本家，保障被压迫的阶级；一是被压迫的阶级团结起来，直接抵抗资产阶级的压迫与掠夺。于是各种社会主义的理论与运动不断地发生。西洋近代文明本建筑在个人求幸福的基础之上，所以向来承认"财产"为神圣的人权之一。但 19 世纪中叶以后，这个观念根本动摇了，有的人竟说"财产是贼赃"，有的人竟说"财产是掠夺"。现在私有财产制虽然还存在，然而国家可以征收极重的所得税和遗产税，财产久已不许完全私有了。劳动是向来受贱视的；但资本集中的制度使劳工有大组织的可能，社会主义的宣传与阶级的自觉又使劳工觉悟团结的必要，于是几十年之中，有组织的劳动阶级遂成了社会上最有势力的分子。十年以来，工党领袖可以执掌世界强国的政权，同盟总罢工可以屈服最有势力的政府，俄国的劳农阶级竟做了全国的专政阶级。这个社会主义的大运动现在还正在进行的时期。但它的成绩已很可观了。各国的"社会立法"（Social Legislation）的发达，工厂的视察，工厂卫生的改良，儿童工作与妇女工作的救济，红利分配制度的推行，缩短工作时间的实行，工人的保险，合作制之推行，最低工资（Minimum Wage）的运动，失业的救济，级进制的（Progressive）所得税与遗产税的实行……这都是这个大运动已经做到的成绩。这也不仅仅是纸上的文章，这也都已成了近代文明的重要部分。

这是"社会化"的新宗教与新道德。

东方的旧脑筋也许要说："这是争权夺利，算不得宗教与道德。"这里又正是东西文化的一个根本不同之点。一边是安分，安命，安贫，乐天，不争，认吃亏；一边是不安分，不安贫，不肯吃亏，努力奋斗，继续改善现成的境地。东方人见人富贵，说他是"前世修来的"；自己贫，也说是"前世不曾修"，说是"命该如此"。西方人便不然；他说："贫富的不平等，痛苦的待遇，都是制度的不良的结果，制度是可以改良的。"他们不是争权夺利，他们是争自由，争平等，争公道；他们争的不仅仅是个人的私利，他们奋斗的结果是人类绝大多数人的福利。最大多数人的最大幸福，不是袖手念佛号可以得来的，是必须奋斗力争的。

朋友们，究竟是哪一种文化能满足你们的心灵上的要求呢？

我们现在可综合评判西洋近代的文明了。这一系的文明建筑在"求人生幸福"的基础之上，确然替人类增进了不少的物质上的享受；然而它也确然很能满足人类的精神上的要求。它在理智的方面，用精密的方法，继续不断地寻求真理，探索自然界无穷的秘密。它在宗教道德的方面，推翻了迷信的宗教，建立合理的信仰；打倒了神权，建立人化的宗教；抛弃了那不可知的天堂净土，努力建设"人的乐国""人世的天堂"；丢开了那自称的个人灵魂的超拔，尽量用人的新想象力和新智力去推行那充分社会化了的新宗教与新道德，努力谋人类最大多数的最大幸福。

东方的文明的最大特色是知足。西洋的近代文明的最大特色是不知足。

知足的东方人自安于简陋的生活，故不求物质享受的提高；自安于愚昧，自安于"不识不知"，故不注意真理的发现与技艺器械的发明；自安于现成的环境与命运，故不想征服自然，只求乐天安命，不想改革制度，只图安分守己，不想革命，只做顺民。

这样受物质环境的拘束与支配，不能跳出来，不能运用人的心思智力来改造环境改良现状的文明，是懒惰不长进的民族的文明，是真正唯物的文明。这种文明只可以遏抑而决不能满足人类精神上的要求。

西方人大不然，他们说"不知足是神圣的"（Divine Discontent）。物质上的不知足产生了今日钢铁世界、汽机世界、电力世界。理智上的不知足产生了今日的科学世界。社会政治制度的不知足产生了今日的民权世界，自由政体，男女平权的社会，劳工神圣的喊声，社会主义的运动。神圣的不知足是一切革新一切进化的动力。

这样充分运用人的聪明智慧来寻求真理以解放人的心灵，来制服天行以供人用，来改造物质的环境，来改革社会政治的制度，来谋人类最大多数的最大幸福——这样的文明应该能满足人类精神上的要求；这样的文明是精神的文明，是真正理想主义的（Idealistic）文明，绝不是唯物的文明。

固然，真理是无穷的，物质上的享受是无穷的，新器械的发明是无穷的，社会制度的改善是无穷的。但格一物有一物的愉快，革新一器有一器的满足，改良一种制度有一种制度的满意。今日不能成功的，明日明年可以成功；前人失败的，后人可以继续助成。尽一分力便有一分的满意；无穷的进境上，步步都可以给努力的人充分的愉快。所以大诗人邓内孙（Tennyson）借古英雄尤利西斯（Ulysses）的口气歌唱道：

然而人的阅历就像一座穹门，
从那里露出那不曾走过的世界，
越走越远，永永望不到他的尽头。

半路上不干了，多么沉闷呵！

明晃晃的快刀为什么甘心上锈！

难道留得一口气就算得生活了？

……

朋友，来罢！

去寻一个更新的世界是不会太晚的。

……

用掉的精力固然不回来了，剩下的还不少呢。

现在虽然不是从前那样掀天动地的身手了，

然而我们毕竟还是我们——

光阴与命运颓唐了几分壮志！

终止不住那不老的雄心，

去努力，去探寻，去发现，

永不退让，不屈服。

我们今日还不配读经

傅孟真先生昨天在《大公报》上发表星期论文，讨论学校读经的问题，我们得了他的同意，转载在这一期（《独立》第一四六号）里。他这篇文章的一部分是提倡读经的诸公所能了解（虽然不肯接受）的。但是其中最精确的一段，我们可以预料提倡读经的文武诸公决不会了解的。那一段是：

> 经过明末以来朴学之进步，我们今日应该充分感觉六经之难读。汉儒之师说既不可恃，宋儒的臆想又不可凭，在今日只有妄人才敢说诗书全能了解。有声音文字训诂学训练的人是深知"多闻阙疑""不知为不知"之重要性的。那么，今日学校读经，无异于拿些教师自己半懂半不懂的东西给学生。……六经虽在专门家手中也是半懂半不懂的东西，一旦拿来给儿童，教者不是混沌混过，便要自欺欺人。这样的效用，究竟是有益于儿童的理智呢，或是他们的人格？

孟真先生这段话，无一字不是事实。只可惜这番话是很少人能懂的。今日提倡读经的人们，梦里也没有想到五经至今还只是一半懂得一半不懂得的东西。这也难怪。毛公、郑玄以下，说《诗》的人谁肯说《诗》三百篇有一半不可懂？王弼、韩康伯以下，说《易》的人谁肯说《周易》有一大半不可懂？郑玄、马融、王肃以下，说《书》的人谁肯说《尚书》有一半不可懂？古人且不谈，三百年中的经学家，陈奂、胡承珙、马瑞辰等人的《毛诗》学，王鸣盛、孙星衍、段玉裁、江声、皮锡瑞、王先谦诸人的《尚书》学，焦循、江藩、张惠言诸人的《易》学，又何尝肯老实承认这些古经他们只懂得一半？所以孟真先生说的"六经虽在专门家手中也是半懂半不懂的东西"，这句话只是最近二三十年中的极少数专门家的见解，只是那极少数的"有声音文字训诂学训练的人"的见解。这种见解，不但陈济棠、何键诸公不曾梦见，就是一般文人也未必肯相信。

所以我们在今日正应该教育一般提倡读经的人们，教他们明白这一点。这种见解可以说是最新的经学，最新的治经方法。始创新经学的大师是王国维先生，虽然高邮王氏父子在一百多年前早已走上这条新经学的路了。王国维先生说：

> 《诗》《书》为人人诵习之书，然于六艺中最难读。以弟之愚暗，于《书》所不能解者殆十之五；于《诗》，亦十之一二。此非独弟所不能解也，汉魏以来诸大师未尝不强为之说，然其说终不可通。以是知先儒亦不能解也。(《观

堂集林》卷一,《与友人论诗书中成语书》)

　　这是新经学开宗明义的宣言,说话的人是近代一个学问最博而方法最缜密的大师,所以说的话最有分寸,最有斤两。科学的起点在于求知,而求知的动机必须出于诚恳地承认自己知识的缺乏。古经学所以不曾走上科学的路,完全由于汉魏以来诸大师都不肯承认古经的难懂,都要"强为之说"。南宋以后,人人认朱子、蔡沈的《集注》为集古今大成的定论,所以经学更荒芜了。顾炎武以下,少数学者走上了声音文字训诂的道路,稍稍能补救宋明经学的臆解的空疏。然而他们也还不肯公然承认他们只能懂得古经的一部分,他们往往不肯抛弃注释全经的野心。浅识的人,在一个过度迷信清代朴学的空气里,也就纷纷道听途说,以为经过了三百年清儒的整理,五经应该可以没有疑问了。谁料到了这三百年的末了,王国维先生忽然公开揭穿了这张黑幕,老实地承认,《诗经》他不懂的有十之一二,《尚书》他不懂的有十之五。王国维尚且如此说,我们不可以请今日妄谈读经的诸公细细想想吗?

　　何以古经这样难懂呢?王国维先生说:

　　　　其难解之故有三:讹阙,一也(此以《尚书》为甚)。古语与今语不同,二也。古人颇用成语,其成语之意义与其中单语分别之意义又不同,三也。

　　　　唐宋之成语,吾得由汉魏六朝人书解之;汉魏之成语，吾得由周秦人书解之。至于《诗》《书》，则书更无古于是者。其成语之数数见者，得比较之而求其相沿之意义。否则不能赞一辞。若但合其中之单语解之，未有不龃龉者。（同上书）

王国维说的三点，第一是底本，第二是训诂，第三还是训诂。其实古经的难懂，不仅是单字，不仅是成语，还有更重要的文法问题。前人说经，都不注意古文语法，单就字面作训诂，所以处处"强为之说"，而不能满人意。王念孙、王引之父子的《经传释词》，用比较归纳的方法，指出许多前人误认的字是"词"（虚字），这是一大进步。但他们没有文法学的术语可用，只能用"词""语词""助词""语已词"一类笼统的名词，所以他们的最大努力还不能使读者明了那些做古文字的脉络条理的"词"在文法上的意义和作用。况且他们用的比较的材料绝大部分还是古书的文字，他们用的铜器文字是绝少的。这些缺陷，现代的学者刚刚开始弥补：文法学的知识，从《马氏文通》以来，因为有了别国文法作参考，当然大进步了；铜器文字的研究，在最近几十年中，已有了长足的进展；甲骨文字的认识又使古经的研究添出了不少的比较的材料。所以今日可说是新经学的开始时期。路子有了，方向好像也对了，方法好像更精细了，只是工作刚开始，成绩还说不上。离那了解古经的时期，还很远哩！

正因为今日的工具和方法都比前人稍进步了，我们今日对于古经的了解力的估计，也许比王国维先生的估计还要更小心一点，更谦卑一点。王先生说他对《诗经》不懂的有十之一二，对《尚书》有十之五。我们在今日，严格地估计，恐怕还不能有他那样的乐观。《尚书》在今日，我们恐怕还不敢说懂得了十之五。《诗经》的不懂部分，一定不止十之一二，恐怕要加到十之三四吧。这并不是因为我们比前人更笨，只是因为我们今日的标准更严格了。试举几个例来做说明。（1）《大诰》开篇就说：

　　王若曰，猷大诰尔多邦。

《微子之命》开篇也说：

　　王若曰，猷殷王元子。

《多方》开篇也说：

　　周公曰，王若曰，猷告尔四国多方。

这个"猷"字，古训作"道"，清代学者也无异说。但我们在今日就不能这样轻轻地放过它了。（2）又如"弗""不"两个字，古人多不曾注意到它们的异同；但中央研究院的丁声树先生却寻出了很多的证据，写了两万多字的长文，证明这两个否定词在文法上有很大的区别，"弗"字是"不之"两字的连合省文，在汉以前这两字是从不乱用的。（3）又如《诗》《书》里常用的"诞"字，古训作"大"，固是荒谬；世俗用作"诞生"解，固是更荒谬；然而王引之《经传释词》里解作"发语词"，也还不能叫人明白这个字的文法作用。燕京大学的吴世昌先生释"诞"为"当"，然后我们懂得"诞弥厥月"就是当怀胎足月之时；"诞寘之隘巷""诞寘之平林"就是当把他放在隘巷平林之时。这样说去，才可以算是认得这个字了。（4）又如《诗经》里常见的"于以"二字：

> 于以采蘋，南涧之滨。
> 于以采藻，于彼行潦。
> 于以采蘩，于沼于沚。
> 于以用之，公侯之事。
> 于以求之，于林之下。

"于以"二字，谁不认得？然而清华大学的杨树达先生指出这个"以"字应解作"何"字，就是"今王其如台"的"台"字。这样一来，我们只消在上半句加个疑问符号（？），如下例：

> 于以求之？于林之下。
> 于以采蘩？于沼于沚。

这样说经，才可算是"涣然冰释，怡然顺理"了。

我举的例子，都是新经学提出的小小问题，都是前人说经时所忽略的，所认为不须诂释的。至于近二三十年中新经学提出的大问题和它们的新解决，那都不是这篇短文里说得明白的，我们姑且不谈。

总而言之，古代的经典今日正在开始受科学的整理的时期，孟真先生说的"六经虽在专门家手中也是半懂半不懂的东西"，真是最确当的估计。《诗》《书》《易》《仪礼》，固然有十之五是不能懂的，《春秋三传》也都有从头整理研究的必要；就是《论语》《孟子》也至少有十之一二是必须经过新经学的整理的。最近一二十年中，学校废止了读经的功课，使得经书的讲授完全脱离了村学究的胡说，渐渐归到专门学者的手里，这是使经学走上科学的路的最重要的条件。二三十年后，新经学的成绩积聚得多了，也许可以稍稍减低那不可懂的部分，也许可以使几部重要的经典都翻译成人人可解的白话，充作一般成人的读物。

在今日妄谈读经，或提倡中小学读经，都是无知之谈，不值得通人的一笑。

中 国 书 的 收 集 法 *

　　王（云五）先生告诉我说，众位在这里研究图书馆学，每星期请专家来讲演。我这个人，可以说是不名一家。白话文是大家作的，不能说专家；整理国故，实在说不上家。所以我今天来讲，并不是以专家的资格。并且我今天所讲的，是书的问题。书这样东西，没有人可以说是专家的；图书馆范围非常广博，尤其更不配说专家。我家里书很多，可是乱七八糟，没有方法去整理。当我要书的时候，我写信去说：我要的书是在进门左手第三行第三格。我的书只是凭记忆所及，胡乱地放着。但是近来几次的搬家，这个进门左手第几行第几格的方法，已经不适用了。现在我的书，有的在北平，有的在上海，有的在箱子里，有的在书架上。将来生活安定了，把所有的书集在一处布置起来，还须请众位替我帮忙整理。因为我是完全不懂方

---

* 本文为1928年7月31日在上海东方图书馆举办的图书馆学暑期讲习班上的演讲词。

法的。

　　近来我在国内国外走走，同一些中国图书馆家谈谈，每每得到一个结论，就是学图书馆的人很多，但是懂得书的人很少。学图书馆的人，学了分类、管理就够了，于是大家研究分类，你有一个新的分类法，他有一个新的分类法。其实这个东西是不很重要的，尤其是小规模的图书馆。在小图书馆里，不得已的时候，只需用两种方法来分类：一是人名，一是书名，就够了。图书馆的中心问题，是要懂得书。图书馆学中的检字方法、分类方法、管理方法，比较起来是很容易的，一个星期学，几个星期练习，就可以毕业。但是必定要懂得书，才可以说是图书馆专家。叫花子耍猴子，有了猴子，才可以耍；舞棍，有了棍，才可以舞。分类法的本身是很抽象的，书很少，自然没有地方逞本事；有了书，也要知道它的内容。这本Pasteur（巴斯德）的传，应该放在什么地方？是化学家呢，还是生物学家，医学或卫生学家，就彷徨无措。无论你的方法是如何周全精密，不懂得内容，是无从分类起的。图书馆学者，学了一个星期，实习了几个星期，这不过是门径。如果要把它做终生的事业，就要懂得书，懂得书，才可以买书、收书、鉴定书、类分书。众位将来去到各地服务的时候，我要提出一个警告，就是单懂得方法而不懂得书，是没有用的。你们的地位，只能做馆员，而不能做馆长的。

　　今天我所讲的，是怎样去收集书。收书是图书馆很重要的事。可是要收的，实在不少，有旧书，有新书，有外国书，有中国书。外国书自然是要懂得外国文字的人，才有收的方法。如果不懂得外国文字，便是讲也没有用处的。要懂书，有三个重要的办法：（一）爱书。把书当作心爱的东西，和守财奴爱钱一样。（二）读书。时时刻刻地读，继续不断地读，唯有读书才能懂书。最低的限度也要常常去看。（三）多开生路。生路多了，自然会活泛。因此，外国语不能不懂，一曰语，二英语，三法语，四德语，五俄语，能多懂了一种，便多了一种的好处。生路开得多了，才能讲收书，无论新的、旧的、中国的、外国的，都得知道它的内容，这样便是分类也有了办法。

我今天的题目是《中国书的收集法》。吴稚晖先生这几年来常说：中国的线装书，都应该丢到茅厕里去。这句话在精神上是很可赞成的。因为在现在的中国，的确该提倡些物质文明，无用的书可以丢掉，但是他安顿线装书的法子，实在不好。茅厕不是摆书的好地方，而且太不卫生。所以我提议把线装书一齐收集起来，放到图书馆去，所谓束之高阁。整理好了，备而不用，随时由专门学者去研究参考。那么中国书当如何收集呢？从前收集中国书，最容易犯两个大毛病：一是古董家的收集法，一是理学家的收集法。

古董家的收集法，是专讲版本的。比方藏书，大家知道北平的藏书大家傅沅叔先生，他收书，就不收明朝嘉靖以后的书。清朝的书，虽也收一点，但只限康熙、雍正、乾隆三朝的精刻本。亦有些人更进一步，非宋不收，而且只限于北宋；他们以为北宋版是初刻本，当然更好。不论是哪一种书，只要是宋版，便要收藏。因此这一类书，价钱就很贵。譬如《资治通鉴》，是一部极平常的史书，什么地方都可以买。好古的收藏家，如果遇见宋刻的《资治通鉴》，都千方百计地要弄到它，就是它三千、五千、一万、两万而得到一部不完整的本子，也是愿意的。现在刚刻出来的一本《宋刑统》，这一部书，包括宋朝一代的政治法令，本来没有人注意到，大理院刻了这部书，在历史上很占重要的地位。可是古董式的收藏家，他不肯花数十块钱买一部《宋刑统》，却肯花三千、五千、一万、两万买不完整的宋刻《资治通鉴》。拿这种态度收书，有许多毛病：（一）太奢侈。用极贵的价钱，收极平常的书，太不合算。诸位将来都是到各地去办小规模的图书馆的，这种图书馆，当然没有钱做这样的事情。便是有钱，我以为也不必的。（二）范围太窄。譬如说，明朝嘉靖以后的书，一概不收；清朝本子刻得好的，才收一点。他们收的书，都是破铜烂铁，用处实在很少，只有古董的价值，完全没有历史的眼光，唯有给学者作校勘旧本之用。比方一部宋版的《资治通鉴》，它因为刻得最早，错误的可能性少一点，如果用它校勘旁的版本，当然有许多利益。诸位写一篇千字的文章，自己初抄的时候，抄错一个字；可是给人家第二次抄录的时候，就错了两个字。这样以讹传讹，也许会错到五六字、十余字的。如果把原本对照，就可以改正好多。所以买旧本的用处，至多只是供校勘学者的校勘而已。如果要使人知道古书是什么样子的，那么说句干脆话，还不如交给博物馆去保存的好。而且严格地说一句，宋本古本，不一定是好的。我们一百年来晓得校勘本子，不在乎古而在乎精。比方 A、B、C 三个本子，在宋朝时候据 A 本校勘成为 D 本，便称宋版；而 E 本呢，是收 A、B、C 三本参考校勘而成的，可说是明版。这样看来，明版也许比宋版精粹些，说明如下：

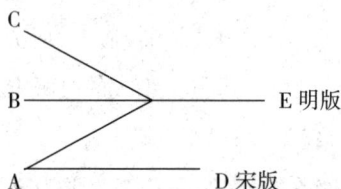

```
C
 \
B ——————————— E 明版
 /
A               D 宋版
```

理学家的收集法，是完全用理学家的眼光来收书的。这一种收集法，比古董家还不好。古董家的眼光，如果这书是古的，他就收去。比方《四部丛刊》中间的《太平乐府》是刻得很坏的，这里面的东西，都是元朝堂子里的姑娘所唱的小曲子，经杨朝云编在一处，才保存到现在。如果撞在道学家手里，不知到什么地方去了。古董家因为看见它难得，所以把它收进去，使我们晓得元朝的小曲子是一种什么样子的东西。董康先生翻刻的《五代史平话》，原是极破烂的一本书，但是因为古的关系，居然有人把它刻出来，保全了这本书。这是第一种比第二种好的地方。还有一种好处，就是古董家虽然不懂这破烂的书，可是放着也好。要是用道学家的眼光收书，有很大的毛病。《四库全书》是一个很大的收集（Collection），但是清乾隆皇帝所颁的上谕和提要中，口口声声说是要搜集有关世道人心的书。我们查书中的几篇上谕，就可以知道：他小曲子不要，小学不要；他所收的，都是他认为与世道人心无妨碍的。拿这个标准收书，就去掉了不少有用的书。它的弊端很大：（一）门类太窄。《四库全书》是大半根据《永乐大典》集出来的。《永乐大典》的收集法乱七八糟，什么书都收在里面，戏也有，词曲也有，小学也有。它的收集法，是按韵排列的。譬如这部戏曲是"徵"韵，就收入"徵"韵里。可是到了清朝，那些学者的大臣，学者的皇帝，带上了道学家的幌子，把《永乐大典》中保存的许多有用的书，都去掉了。自此用道学家的眼光收书，门类未免太狭。（二）因人废言。用道学家的眼光收书，常常因人的关系，去掉许多有用的书。比方明朝的严嵩，是当初很有名的文学家，诗文辞赋，都占极高的地位，可是在道学家的眼光看来，他是一个大奸臣，因此《四库全书》中，便不收他的东西。又如姚广孝，是永乐皇帝——明成祖的功臣。他是一个和尚，诗文都好，但是因为帮永乐篡位，所以他的作品也不被收。又像明末清初的吴梅村等，都是了不得的人才，三百年来，他的文字要占极高的地位。不过因为他在明朝做了官，又在清朝做官，便叫贰臣。他的作品，也就不能存在。（三）因辞废言。用道学家的眼光收书，对于人往往有成见。其实这是很可笑的。往往因文字上忌讳的缘故，把他的作品去掉，这是很不对的。譬如用国民党的眼光去排斥书，是有成见的；用共产党的眼光排斥书，也是有成见的。同为某种事实而排斥某书，都是讲不过去的。《四库全书》中有许多书不予收入，而且另外刊入《禁书目录》。有些明朝末叶的书，有诋毁清朝的，都在销毁之列。因此用道学家的眼光收书，是很不对的。（四）门户之见太深。门户之见，道学家最免不掉。程朱之学与陆王之学，是互相排斥的，两者便格格不入。所以程、朱的一流对于王学，每认为异端，拒而不收；王阳明的东西尚不肯收，那么等而下之，自然不必说了。王派对于朱学，也积口诋毁。至于佛家、道家，也在排斥之列。《四库全书》关于道家的书，完全没有放进去。在中国，这学派门户之见实在很多。总而言之，门类太窄，因人废言，因辞废言，或者为了学派门户的成见，以批评人的眼光抹杀他的书，就冤抑了许多有价值的书。如果在一百余年以前，他们的眼光能放得大些，不要说把销毁的书保留起来，如能将禁书收进去，也可为我们保留不少的材料。在那个时候，没有遭大乱，太平天国的乱事没有起，圆明园也没有烧毁，假如能放大眼光，是何等的好。可是因为中了这种种的毒，所以永远办不到。

今天我讲的，是第三种方法。这个方法，还没有相当的名字，我叫它杂货店的收书法。明白地说，就是无书不收的收书法。不论什么东西，只要是书，就一律都要。这个办法，并不是杜撰的。上次顾颉刚先生代表广州中山大学，拿了几万块钱出来收书，就是这样办法。人家笑话他，他还刊了一本小册子说明他的方法。这书，王先生也许看见过。他到杭州、上海、苏州等处，到了一处，就通知旧书铺，叫他把所有的书统统开个单子，就尽量地收下来，什么《三字经》《千字文》、医书，和从前的朱卷都要。秀才的八股卷子也要，账簿也要，老太太写得不通的信稿子也要，小热昏、滩簧、算命书、看相书，甚至人家的押契，女儿的礼单和丧事人家账房先生所开的单子（如杠夫多少，旗伞多少，如何排场等）的东西都要。摊头上印得很恶劣的唱本、画册，一应都收了来。人家以为宝贝的书，他却不收。他怕人家不了解，印了一个册子去说明，可是人家总当他是外行，是大傻子，被人笑煞。不过我今天同诸位谈谈，收集旧书，这个方法最好。它的好处在哪里呢？（一）把收书的范围扩大，所谓无所不收。不管它是古，是今；是好版本，是坏版本；有价值，没有价值，统统收来，材料非常丰富。（二）可免得自己来去取。不懂得书，要去选择，是多么麻烦的事。照这样子的收书，不管他阿猫阿狗，有价值，没有价值，一概都要。如果用主观来去取书、选择书，还是免不掉用新的道学家的眼光来替代老的道学家的眼光，是最不妥当的事。（三）保存无数的史料。比方人家大出丧，这个出丧单子，好像没有用处，但是你如果保存起来，也有不少的用途，可在历史上留下一个很好的记载。像虞洽卿先生的夫人死了，就有大规模的出丧，仪仗很盛。那时人家只看见了这样的出丧，却没有人去照相，去详细记载。如果找到了虞先生的账房先生，要了那张单子，就知道他们这次出丧多少排场，多少费用，给社会学者留下很好的材料。将来的人，也可以知道在中华民国十七年某月某日，上海某某人家，还有这样的大出丧。这种史料，是再好不过的。（四）所花费少而所收多。譬如八股文，现在看来是最没有用的东西，简直和破纸一样，可以称斤地卖去；可是八股文这种东西在中国五百年的历史上向来占极重要的地位。几百万最高的阶级——所谓第一类人才的知识阶级，把他全部的精神都放在里面。我们想想，这与五百年来学者极有关系的东西，是不是历史上最重要的材料；而且这个东西，再过十年八年，也许要没有了。现在费很少的钱，把它收了，将来价格一贵，就可不收。而且还可以一集、二集地印出来卖钱，什么成化啊，弘治啊，嘉靖啊，式式都有。到没有的时候，也许会利市三倍呢！（五）偶然发现极好的材料。这种称斤的东西，里面常有不少的好材料。如果在几十斤、几百斤破烂东西中，得到了一本好材料，所花费的钱，已经很值得了。

有人问我：你不赞成古董家的收书法，又不赞成道学家的收书法，那么这个杂货店的收书法，原则是什么呢？当然，杂货店不能称是原则，它的原则，是用历史家的眼光来收书。从前绍兴人章学诚（实斋）说："六经皆史也。"人家当初都不相信他，以为是谬论。用现在的眼光来看这句话，其实还幼稚得很。我们可以说："一切的书籍，都是历史的材料。"中国书向来分为经、史、子、集四类，经不过是总集而已，章学诚已认它是史。史当然是历史。所谓集，是个人思想的集合，究其实，也渊源于史，所以是一种史料。子和集，性质相同。譬如《庄子》《墨子》，就是庄子、墨子的文集，亦是史料。所以大概研究哲学史，就到子书里去找。这样看来，一切的书，的确都是历史的材料。

虞洽卿家里的丧礼单是历史，算命单也是历史。某某人到某某地方算命，这就表示在民国某年某月某日还有人算命，是很好的一种社会历史和思想史料。《三字经》和《百家姓》，好像没有用了，其实都是史料。假如我做一部《中国教育史》，《三字经》和《百家姓》，就占一个很重要的地位，必须研究它从什么时候起的，它的势力是怎么样。又像描红的小格子，从前卖一个小钱一张，它在什么时候起的，什么时候止的，都是教育史上的好材料，因为从前读书，差不多都写这种字。从前有某某图书馆征求民国以前的《三字经》刻本，都没有征求到，可知这种东西到了没有的时候，是极可贵的。我小时候读书，把南京李广明记得很熟，因为所读的《三字经》《千字文》《百家姓》和《学而》——《论语》首章等，都是从李广明来的。李广明在教育史上，也有一个相当的地位。此外如《幼学琼林》啊，《神童诗》啊，《千家诗》啊，都是教育史料。至于八股文，乃是最重要的文学史料、教育史料、思想史料、哲学史料。所谓滩簧、唱本、小热昏，也是文学史料，可以代表一个时代的平民文学。诸位要知道文学中最重要的一部分，乃是大多数人最喜欢唱、喜欢念、喜欢做的东西。还有看相的书，同道士先生画的符、念的咒，都是极好的社会史料和宗教史料、思想史料。婚姻礼单，又是经济史料和社会史料。讲到账簿，可以说是经济史料。比方你要研究一个时代的生计，如果有这种东西做参考，才能有所依据，得到正确的答案。英国有人（Rojers）专门研究麦价，便是到各地去专找账簿。麦子在某年是多少钱一担？价格的变迁如何？农家的出产多少？他是专门搜集农家、教堂和公共机关的账簿来比较研究的。这种种的东西，都是极有价值的社会经济史料。我记得我十岁十一岁时记账，豆腐只是三个小钱一块。现在拿账簿一看，总得三个铜板一块。在这短短的时期中，竟增加到十倍。数十年后，如果没有这种材料，哪里还会知道当时经济的情况。倘使你有关于和尚庙、尼姑庵等上吊的新材料，你也可以收集起来，因为这是社会风俗史的一部分。人们能用这种眼光来看书，无论它是有无道理，都一概收集，才是真正收书家的态度。我们研究历史，高明的固然要研究；就是认为下流的，也要研究，才能确切知道一时代的真相。高明到什么地步，下流到什么地步？都要切切实实地研究一下。

谈到文学，杜工部、李太白的诗，固然是历史上的重要文学，应该懂的；然而当时老百姓的文字，也占同一的地位，所以也必须懂得。李、杜的东西，只能代表一般贵族的历史，并不能说含有充分的平民历史；老百姓自己的东西才是真正的平民历史。《金瓶梅》这一部书，大家以为是淫书，在禁止之列。其实也是极好的历史材料，日本的佛教大学还把它当作课本呢，这个就可见它有历史的眼光。《金瓶梅》是代表明中叶到晚年一个小小的贵族的一种情形。譬如书中的主人，有一个大老婆，五个小老婆，还有许多姘头，一家的内幕是如此如此。如果没有这种书，怎么能知道当时社会上的一般的情况？此外如《醒世姻缘》小说，不但可以做当时家庭生活的材料，还可知道从前小孩子怎样上学堂，如何开笔做八股文，都是应该知道的事。要有种种的材料给我们参考，我们才能了然于胸中。因此，我们的确应当知道王阳明讲的什么学说，而同时《金瓶梅》中的东西亦应当知道的，因为王阳明和《金瓶梅》，同是代表15世纪到16世纪一般的情形，在历史上有同样的价值。无论是破铜烂铁，竹头木屑，好的坏的，一起都收。要知道，历史是整个的，无论哪一方面缺了，便不成整个。少了《金瓶梅》，仅知道王阳明，不能说是知道16世纪的历史；知道《金瓶梅》，去掉王阳明，也不能说是知道16世纪的历史。因此，《圣谕广训》是史料，《品花宝鉴》也是史料，因为它讲清朝一种男娼的风气，两者缺了一点，就不能算完全。我们还要知道，历史是继续不断的变迁的，要懂得它变迁的痕迹，更不能不晓得整个的历史是怎样。

　　材料不在乎好坏，只要肯收集，总是有用处的。比方甘肃敦煌石窟里的破烂东西，都是零落不全的，现在大家都当它宝贝，用照相版、珂罗版印了几页，要卖八元、九元、二十元的钱。我们到北平去，也得看见一点敦煌石窟中的东西。敦煌石窟中的东西，是甘肃敦煌东南的一个石窟（叫作莫高窟）里所藏的书。敦煌那个地方有一个千佛洞，在佛教最盛的时候，有二三百座庙。石窟里都是壁画，大概是唐人的手笔；亦有六朝晋朝时候的壁画。因为北方天气干燥，所以都没有坏。有一个庙是专为藏书用的。当初没有刻本，只有写本。有的是蝇头细楷，有的是草字，差不多式式都有。其中佛经最多，亦有雕本，恐怕是世界上最早的了。这里面有和尚教徒弟的经卷，有和尚念的经咒，女人们刺血写的符箓，和尚的伙食账簿，小和尚的写字本子，和唱本小调；就是敦煌府的公文，也留在里面。有许多书有年代可考，大概在西历纪元 500 年起到 1110 年光景，东晋到宋真宗时。这许多年代中，有很多的材料，都不断地保存在这个和尚庙里。到了北宋初年，那里起了战乱，和尚们怕烧掉，就筑了墙，把一应文件都封在中间。大概打仗很久，和尚们死的死，逃的逃。从宋真宗时封起，一直到清末庚子年，墙坏了，就修理修理，也不知道中间有什么东西。直到庚子年——西历 1900 年，一个道士偶然发现石窟中的藏书，才破了这个秘密。可是这个道士也不当它是宝贝，把它当符箓来卖钱，说是可以治病的。什么人头痛，就买一张烧了灰吃下去，说是可以医头痛；什么人脚痛，也买一张烧了灰吃下去，说是可以医脚痛。这样卖了七八年，到 1907 年，才有洋鬼子来了。那是英国的史坦因（Stein），他从中亚细亚来，是往北探险去的。他并没有中国的学问，据说他有一个助手王世庭，学问也并不高明，不过他曾听说在敦煌发现了许多东西，就去看看，随便给他多少钱买了大半去。因为不好拿，就捆了几大捆，装着走了。过了半年（那是 1908 年），法国学者伯希和（Pelliot）来了，他是有名的学问家，他的中国学问恐怕中国学者也不能及他。不过伯希和很穷，只能在敦煌选了二千多卷，拿到北京。他是很诚实的，还去问问人家，请教人家，于是大家就知道了敦煌有这个东西。清朝的学部也得了这个消息，就打电报给陕甘总督，叫他把石窟里的东西统统封好了，送到京师图书馆里去。那些官员，到这个时候才知道它是宝贝；因为外人都买了装回本国去，朝廷又要他封送晋京，于是拣完整的、字迹端秀的几卷，大家偷了去送人，所以偷掉的也不少，现在存在北平的，还有八千余卷。从东晋到宋朝初年，六百年间，许多史料，都保存在里头，真是无价之宝。现在六千余卷在英国伦敦，二千余卷在法国巴黎，八千余卷在北平，一共一万八千卷左右。我都去看过。在英国、法国的数千卷，那真可爱。他们都用极薄极薄的纸把它裱起来，装订成册；便是残破了的一角，或是扯下的一个字，也统统裱好了，藏在一处。它的内容，说来很可笑，我刚才说过，小和尚的写字本子，老和尚念的经卷，和女师刺血写的东西，样样都有。有些和尚们在念经的时候，忽然春心发动，便胡乱写一首《十八摸》，哼几句情诗，也都丢在里面。各种材料，差不多都有一点。此外如七字的唱本，像《天雨花》《笔生花》一类的东西，唐朝已经有了，我们只知后代才有，哪里知道敦煌石窟里面已有这个东西，可以说是唱本的老祖宗。这在文学史上，是多么重要的好材料。这不但使我们知道六百年前的宗教史事，就是我们要研究佛家哲学、经济思想等等许多史料，都可到里面去找。在那时，很不经意地、乱七八糟地、杂货店式地把东西丢在一处，不料到九百年后，成了你争我夺的宝贝。这是此种收书法的很好的证据。

　　因此诸位如果有心去收，破铜烂铁，都有用处。我们知道我们凭个人的主观去选择各书，是最容易错误的。这个要，那

个不要，凭借自己的爱憎来定去取，是最不对的。我们恨滩
簧、小调，然而滩簧、小调在整个的文学史上也占极重要的地
位。孔子是道学家，可是他删诗而不删掉极淫乱的作品，正可
充分地表现他有远大的目光。《诗经》中有两章如下：

> 子惠思我，褰裳涉溱；子不我思，岂会他人？狂童之
> 狂也且！
> 子惠思我，褰裳涉洧；子不我思，岂无他士？狂童之
> 狂也且！

淫乱到了极点。像这首诗，他怀想所欢，竟愿渡河以从，
并且是人尽可夫。可是孔子并不删去，否则我们要得二三千
年以上的材料时，试问到哪里去找？孔子收书，因为有这种态
度，这种眼光，所以为中国、为全世界保存了最古、最美、最
有价值的文学史料、社会史料、宗教史料、政治史料。假如一
有成见，还会有这样的成功么？现在流行市面的小报很多，什
么《叽哩咕噜》《噜哩噜》《福尔摩斯》《晶报》《大晶报》等，
五花八门，为一般人所鄙弃的，可是它们也有它们的用处。我
们如果有心收集起来，都是将来极好的文学史料、社会史料。
要是在十年、二十年后，再要去找一个《叽哩咕噜》或是《噜
哩噜》，也许没法得到。我能把它保存起来，十年、二十年后，
人家要一个《叽哩咕噜》，要一个《噜哩噜》，我就可以供给他
们，借此能知道民国十七年上海社会上一般的情形是怎么样。

当《申报》五十年纪念的时候，他们出了一部纪念册，可是《申报》馆竟没有一份全份的《申报》，于是登报征求。结果全中国只有一个人有这么一份，《申报》馆愿意出很多的钱去收买，结果是以二万块钱去买了来。照我这样看，觉得二十万块钱都值得。以中国之大，或者说是以世界之大，而只有一份不缺的《申报》，你想是多么可贵呢！所以现在看为极平常而可以随手弃掉的东西，你如果有一个思想，觉得它是二十年后、二千年后的重要史料，设法保存起来，这些东西，就弥觉可珍了。

我们收集图书，必须有这种历史的眼光。个人的眼光有限，所有的意见，也许是错误的。人家看为有价值的，我以为无价值；人家看为无价值的，我以为有价值，这种事情很多。我们收书，不能不顾到。所以，一要认定我们个人的眼光和意见是有限的，有错误的；二要知道今天看为平常容易得的东西，明天就没有，后天也许成了古董。假如我们能存这个观念，拿历史的眼光来收书，就是要每天看后的报纸，也都觉得可贵的。

讲到这里，诸位对我所说的，也许有一点怀疑，以为照这样说来，不是博而寡要了吗？可是我觉得图书馆是应当要博的，而且从这个博字上，也会自然而然地走到精密的路上去。收文学书的，他从文学上的重要材料起，一直到滩簧、小热昏为止，件件都收。或者竟专力于文学中的一部，从专中求博，也未尝不可。有一位陶兰泉先生，绰号叫陶开化，他收书什么都收，但只限于殿版开化纸的书籍，因此得了陶开化的名称，正是博中寓专。因此第一步是博，第二步是由博而专，这也是自然而然的趋向。大概由博到专，亦有三个缘故：一是天才的发展；二是个人嗜好；三是环境上的便利。有这三个缘故，自然会走上专门的路。诸位都知道欧洲的北边有一个小岛，叫冰岛（Iceland），那里有许多文学材料。若不到冰岛去找，全世界只有我的母校康奈尔大学有这完全的冰岛文学史料。康奈尔图书馆所著名的，也就是这一点。因为当初冰岛上有人专门收集这全部的材料，后来捐给康奈尔，并又斥资再由康奈尔到冰岛去搜集，因此我的母校就以冰岛文学著称于全世界。这种无所不收的材料，实在有非常的价值，非常的用处。

今天我讲书的收集法，是极端主张要博，再从博而专，古董家和道学家的方法是绝对要不得的。这不过是个大概，神而明之，存乎其人。详细的办法，还须诸位自己去研求。

第二章

读书与治学

治 学 的 方 法 与 材 料

现在有许多人说：治学问全靠有方法；方法最重要，材料却不很重要。有了精密的方法，什么材料都可以有好成绩。粪同溺可以作科学的分析，《西游记》同《封神演义》可以作科学的研究。

这话固然不错。同样的材料，无方法便没有成绩，有方法便有成绩，好方法便有好成绩。例如我家里的电话坏了，我箱子里尽管有大学文凭，架子上尽管有经史百家，也只好束手无法，只好到隔壁人家去借电话，请电话公司派匠人来修理。匠人来了，他并没有高深学问，从没有梦见大学讲堂是什么样子。但他学了修理电话的方法，一动手便知道毛病在何处，再动手便修理好了。我们有博士头衔的人只好站在旁边赞叹感谢。

但我们却不可不知道这上面的说法只有片面的真理。同样的材料，方法不同，成绩也就不同。但同样的方法，用在不同的材料上，成绩也就有绝大的不同。这个道理本很平常，但现在想做学问的青年人似乎不大了解这个极平常而又十分要紧的道理，所以我觉得这个问题有郑重讨论的必要。

科学的方法，说来其实很简单，只不过"尊重事实，尊重证据"。在应用上，科学的方法只不过"大胆的假设，小心的求证"。

在历史上，西洋这三百年的自然科学都是这种方法的成绩；中国这三百年的朴学也都是这种方法的结果。顾炎武、阎若璩的方法，同葛利略（Galileo）、牛敦（Newton）的方法是一样的：他们都能把他们的学说建筑在证据之上。戴震、钱大昕的方法，同达尔文（Darwin）、柏司德（Pasteur）的方法也是一样的：他们都能大胆地假设，小心地求证。（参看《胡适文存》初排本卷二，《清代学者的治学方法》，页二〇五至二四六。）

中国这三百年的朴学成立于顾炎武同阎若璩；顾炎武的导师是陈第，阎若璩的先锋是梅鷟。陈第作《毛诗古音考》（1601—1606），注重证据；每个古音有"本证"，有"旁证"；本证是《毛诗》中的证据，旁证是引别种古书来证《毛诗》。如他考"服"字古音"逼"，共举了本证十四条，旁证十条。顾炎武的《诗本音》同《唐韵正》都用同样的方法。《诗本音》于"服"字下举了三十二条证据，《唐韵正》于"服"字下举了一百六十二条证据。

梅鷟是明正德癸酉（1513年）举人，著有《古文尚书考异》，处处用证据来证明伪《古文尚书》的娘家。这个方法到了阎若璩的手里，运用更精熟了，搜罗也更丰富了，遂成为《尚书古文疏证》，遂定了伪古文的铁案。有人问阎氏的考证学方法的指要，他回答道：

不越乎"以虚证实，以实证虚"而已。

他举孔子适周之年作例。旧说孔子适周共有四种不同的说法：

（1）昭公七年（《水经注》）；

（2）昭公二十年（《史记·孔子世家》）；

（3）昭公二十四年（《〈史记〉索隐》）；

（4）定公九年（《庄子》）。

阎氏根据《曾子问》里说孔子从老聃助葬恰遇日食一条，用算法推得昭公二十四年夏五月乙未朔日食，故断定孔子适周在此年。（《尚书古文疏证》卷八，第一百二十条）

这都是很精密的科学方法。所以"亭林、百诗之风"造成了三百年的朴学。这三百年的成绩有声韵学、训诂学、校勘学、考证学、金石学、史学，其中最精彩的部分都可以称为"科学的"；其间几个最有成绩的人，如钱大昕、戴震、崔述、王念孙、王引之、严可均，都可以称为科学的学者。我们回顾这三百年的中国学术，自然不能不对这班大师表示极大的敬意。

然而从梅鷟的《古文尚书考异》到顾颉刚的《古史辨》，从陈第的《毛诗古音考》到章炳麟的《文始》，方法虽是科学的，材料却始终是文字的。科学的方法居然能使故纸堆里大放光明，然而故纸的材料终究限死了科学的方法，故这三百年的学术也只不过文字的学术，三百年的光明也只不过故纸堆的火焰而已！

我们试回头看看西洋学术的历史。

当梅鷟的《古文尚书考异》成书之日，正哥白尼（Copernicus）的天文革命大著出世（1543年）之时。当陈第的《毛诗古音考》成书的第三年（1608年），荷兰国里有三个磨镜工匠同时发明了望远镜。再过一年（1609年），意大利的葛利略（Galileo）也造出了一座望远镜，他逐渐改良，一年之中，他的镜子便成了欧洲最精的望远镜。他用这镜子发现了木星的卫星，太阳的黑子，金星的光态，月球上的山谷。

葛利略的时代，简单的显微镜早已出世了。但望远镜发明之后，复合的显微镜也跟着出来。葛利略死（1642年）后二三十年，荷兰有一位磨镜的，名叫李文厚（Leeuwenhoek），天天用他自己做的显微镜看细微的东西。什么东西他都拿来看看，于是他在蒸馏水里发现了微生物，鼻涕里和痰唾里也发现了微生物，阴沟臭水里也发现了微生物。微菌学从此开始了。这个时候（1675年）正是顾炎武的《音学五书》成书的时候，阎若璩的《古文尚书疏证》还在著作之中。

从望远镜发见新天象（1609年）到显微镜发现微菌（1675年），这五六十年之间，欧洲的科学文明的创造者都出来了。试看下表：

	中国	欧洲
一六〇六 一六〇八	陈第《古音考》。	荷兰人发明望远镜。 葛利略的望远镜。
一六〇九		解白勒（Kepler）发表他的火星研究，宣布行星运行的两条定律。
一六一〇	黄宗羲生。	
一六一三	顾炎武生。	
一六一四		奈皮尔（Napier）的对数表。
一六一九	王夫之生。	解白勒的行星第三律。
一六一八至 一六二一		解白勒的《哥白尼天文学要指》。
一六二三	毛奇龄生。	
一六二五	费密生。	
一六二六		培根死。
一六二八	用西法修新历。	哈维（Harvey）的《血液运行论》。
一六三〇		葛利略的《天文谈话》。 解白勒死。
一六三三		葛利略因天文学受异端审判。
一六三五	颜元生。	
一六三六	阎若璩生。	
一六三七	宋应星的《天工开物》。	笛卡儿（Descartes）的《方法论》，发明解析几何。

	中国	欧洲
一六三八		葛利略的《科学的两新支》。
一六四〇	徐霞客（宏祖）死。	
一六四二		葛利略死，牛敦生。
一六四四		葛利略的弟子佗里杰利（Torricelli）用水银试验空气压力，发明气压计的原理。
一六五五	阎若璩开始作《尚书古文疏证》，积三十余年始成书。	
一六五七	顾炎武注《韵补》。	
一六六〇		英国皇家学会成立。化学家波耳（Boyle）发表他的气体新试验。（波耳氏律）
一六六一		波耳的《怀疑的化学师》。
一六六四	废八股。	
一六六五		牛敦发明微分学。
一六六六	顾炎武的《韵补正》成。	牛敦发明白光的成分。
一六六七	顾炎武的《音学五书》成。	
一六六九	复八股。	
一六七〇	顾炎武初刻《日知录》八卷。	
一六七五		李文厚用显微镜发现微生物。
一六七六	顾炎武《日知录》自序。	
一六八〇	顾炎武《音学五书》后序。	
一六八七		牛敦的杰作《自然哲学原理》。

我们看了这一段比较年表，便可以知道中国近世学术和西洋近世学术的划分都在这几十年中定局了。在中国方面，除了宋应星的《天工开物》一部奇书之外，都只是一些纸上的学问；从八股到古音的考证固然是一大进步，然而终究还是纸上的工夫。西洋学术在这几十年中便已走上了自然科学的大路了。顾炎武、阎若璩规定了中国三百年的学术的局面；葛利略、解白勒、波耳、牛敦规定了西洋三百年的学术的局面。

他们的方法是相同的，不过他们的材料完全不同。顾氏、阎氏的材料全是文字的，葛利略一班人的材料全是实物的。文字的材料有限，钻来钻去，总不出这故纸堆的范围；故三百年的中国学术的最大成绩不过是两大部《皇清经解》而已。实物的材料无穷，故用望远镜观天象，而至今还有无穷的天体不曾窥见；用显微镜看微菌，而至今还有无数的微菌不曾寻出。但大行星已添了两座，恒星之数已添到十万万以外了！前几天报上说，有人正在积极实验同火星通信了。我们已知道许多病菌，并且已知道预防的方法了。宇宙之大，三百年中已增加了几十万万倍了；平均的人寿也延长了二十年了。

然而我们的学术界还在烂纸堆里翻我们的筋斗。

不但材料规定了学术的范围，材料并且可以大大地影响方法的本身。文字的材料是死的，故考证学只能跟着材料走，虽然不能不搜求材料，却不能捏造材料。从文字的校勘以至历史的考据，都只能尊重证据，却不能创造证据。

自然科学的材料便不限于搜求现成的材料，还可以创造新的证据。实验的方法便是创造证据的方法。平常的水不会分解成氢气和氧气；但我们用人功把水分解成氢气和氧气，以证实水是氢气和氧气合成的。这便是创造不常有的情境，这便是创造新证据。

纸上的材料只能产生考据的方法；考据的方法只是被动地运动材料。自然科学的材料却可以产生实验的方法；实验便不受现成材料的拘束，可以随意创造平常不可得见的情境，逼拶出新结果来。考证家若没有证据，便无从做考证；史家若没有史料，便没有历史。自然科学家便不然。肉眼看不见的，他可以用望远镜，可以用显微镜。生长在野外的，他可以叫它生长在花房里；生长在夏天的，他可以叫它生在冬天。原来在人身上的，他可以移种在兔身上、狗身上。毕生难遇的，他可以叫它天天出现在眼前；太大了的，他可以缩小；整个的，他可以细细分析；复杂的，他可以化为简单；太少了的，他可以用人功培植增加。

故材料的不同可以使方法本身发生很重要的变化。实验的方法也只是大胆的假设，小心的求证；然而因为材料的性质，实验的科学家便不用坐待证据的出现，也不仅仅寻求证据，他可以根据假设的理论，造出种种条件，把证据逼出来。故实验的方法只是可以自由产生材料的考证方法。

葛利略二十多岁时，在本地的高塔上抛下几种重量不同的物件，看它们同时落地，证明了物体下坠的速率并不依重量为比例，打倒了几千年的谬说。这便是用实验的方法去求证据。他又做了一块板，长十二个爱儿（每个爱儿长约四英尺），板上挖一条阔一寸的槽。他把板的一头垫高，用一个铜球在槽里滚下去，他先记球滚到底的时间，次记球滚到全板四分之一的时间。他证明第一个四分之一的速度最慢，需要全板时间的一半。越滚下去，速度越大。距离的相比等于时间的平方的相比。葛利略这个实验总做了几百次，他试过种种不同的距离，种种不同的斜度，然后断定物体下坠的定律。这便是创造材料，创造证据。平常我们所见物体下坠，一瞬便过了，既没有测量的机会，更没有比较种种距离和种种斜度的机会。葛氏的实验便是用人力造出种种可以测量、可以比较的机会。这便是新力学的基础。

哈维研究血的循环，也是用实验的方法。哈维曾说：

> 我学解剖学同教授解剖学，都不是从书本子来的，是从实际解剖来的；不是从哲学家的学说上来的，是从自然界的条理上来的。（他的《血液运行》自序）

哈维用下等活动物来做实验，观察心房的跳动和血的流行。古人只解剖死动物的动脉，不知死动物的动脉管是空的。哈维试验活动物，故能发现古人所不见的真理。他死后四年（1661 年），马必吉（Malpighi）用显微镜看见血液运行的真状，哈维的学说遂更无可疑了。

此外，如佗里杰利的试验空气的压力，如牛敦的试验白光的七色，都是实验的方法。牛敦在暗室中放进一点日光，使它通过三棱镜，把光放射在墙上。那一圆点的白光忽然变成了五倍大的带子，白光变成了七色：红、橘红、黄、绿、蓝、靛青、紫。他再用一块三棱镜把第一块三棱镜的光收回去，便仍成圆点的白光。他试验了许多回，又想出一个法子，把七色的光射在一块板上，板上有小孔，只许一种颜色的光通过。板后面再用三棱镜把每一色的光线通过，然后测量每一色光的曲折角度。他这样试验的结果始知白光是曲折力不同的七种光复合成的。他的实验遂发明了光的性质，建立了分光学的基础。

以上随手举的几条例子，都是顾炎武、阎若璩同时人的事，已可以表见材料同方法的关系了。考证的方法好有一比，比现今的法官判案，他坐在堂上静听两造的律师把证据都呈上来了，他提起笔来，宣判道：某一造的证据不充足，败诉了；某一造的证据充足，胜诉了。他的职务只在评判现成的证据，他不能跳出现成的证据之外。实验的方法也有一比，比那侦探小说里的福尔摩斯访案：他必须改装微行，出外探险，造出种种机会来，使罪人不能不呈献真凭实据。他可以不动笔，但他不能不动手动脚，去创造那逼出证据的境地与机会。

结果呢？我们的考证学的方法尽管精密，只因为始终不接近实物的材料，只因为始终不曾走上实验的大路上去，所以我们的三百年最高的成绩终不过几部古书的整理，于人生有何益处？于国家的治乱安危有何裨补？虽然做学问的人不应该用太狭义的实利主义来评判学术的价值，然而学问若完全抛弃了功用的标准，便会走上很荒谬的路上去，变成枉费精力的废物。

这三百年的考证学固然有一部分可算是有价值的史料整理，但其中绝大的部分却完全是枉费心思。如讲《周易》而推翻王弼，回到汉人的"方士易"；讲《诗经》而推翻郑樵、朱熹，回到汉人的荒谬诗说；讲《春秋》而回到两汉陋儒的微言大义——这都是开倒车的学术。

为什么三百年的第一流聪明才智专心致力的结果仍不过是枉费心思的开倒车呢？只因为纸上的材料不但有限，并且在那一个"古"字底下罩着许多浅陋幼稚愚妄的胡说。钻故纸的朋友自己没有学问眼力，却只想寻那"去古未远"的东西，日日"与古为邻"，却不知不觉地成了与鬼为邻，而不自知其浅陋愚妄幼稚了！

那班崇拜两汉陋儒方士的汉学家固不足道。那班最有科学精神的大师——顾炎武、戴震、钱大昕、段玉裁、孔广森、王念孙、王引之等，他们的科学成绩也就有限得很。他们最精的是校勘、训诂两种学问，至于他们最用心的声韵之学简直是没有多大成绩可说。如他们费了无数心力去证明古时有"支""脂""之"三部的区别，但他们到如今不能告诉我们这三部究竟有怎样的分别。如顾炎武找了一百六十二条证据来证明"服"字古音"逼"，到底还不值得一个广东乡下人的一笑，因为顾炎武始终不知道"逼"字怎样读法。又如三百年的古音学不能决定古代究竟有无入声；段玉裁说古有入声而去声为后起，孔广森说入声是江左后起之音。二百年来，这个问题似乎没有定论。却不知这个问题不解决，则一切古韵的分部都是将错就错。况且依二百年来"对转""通转"之说，几乎古韵无一部不可通他部。如果部部本都可通，那还有什么韵部可说！

三百年的纸上工夫，成绩不过如此，岂不可叹！纸上的材料本只适宜于校勘、训诂一类的纸上工作；稍稍逾越这个范围，便要闹笑话了。

西洋的学者先从自然界的实物下手，造成了科学文明，工业世界，然后用他们的余力，回来整理文字的材料。科学方法是用惯的了。实验的习惯也养成了。所以他们的余力便可以有惊人的成绩。在音韵学的方面，一个格林姆（Grimm）便抵得许多钱大昕、孔广森的成绩。他们研究音韵的转变，文字的材料之外，还要实地考察各国各地的方言，和人身发音的器官。由实地的考察，归纳成种种通则，故能成为有系统的科学。近年一位瑞典学者珂罗倔伦（Bernhard Karlgren）费了几年的工夫研究《切韵》，把二百六部的古音弄得清清楚楚。林语堂先生说：

> 珂先生是《切韵》专家，对中国音韵学的贡献发明，比中外过去的任何音韵学家还重要。（《语丝》第四卷第廿七期）

珂先生的成绩何以能这样大呢？他有西洋的音韵学原理作工具，又很充分地运用方言的材料，用广东方言作底子，用日本的汉音吴音作参证，所以他几年的成绩便可以推倒顾炎武以来三百年的中国学者的纸上工夫。

我们不可以从这里得一点教训吗？

纸上的学问也不是单靠纸上的材料去研究的。单有精密的方法是不够用的。材料可以限死方法，材料也可以帮助方法。三百年的古韵学抵不得一个外国学者运用活方言的实验。几千年的古史传说禁不起三两个学者的批评指摘。然而河南发现了一地的龟甲兽骨，便可以把古代殷商民族的历史建立在实物的基础之上。一个瑞典学者安特森（J. G. Anderson）发现了几处新石器，便可以把中国史前文化拉长几千年，一个法国教士桑德华（Père Licent）发现了一些旧石器，便又可以把中国史前文化拉长几千年。北京地质调查所的学者在北京附近的周口店发现了一个人齿，经了一个解剖学专家步达生（Davidson Black）的考定，认为远古的原人，这又可以把中国的史前文化拉长几万年。向来学者所认为纸上的学问，如今都要跳在故纸堆外去研究了。

所以我们要希望一班有志做学问的青年人及早回头想想。单学得一个方法是不够的；最要紧的关头是你用什么材料。现在一班少年人跟着我们向故纸堆去乱钻，这是最可悲叹的现状。我们希望他们及早回头，多学一点自然科学的知识与技术：那条路是活路，这条故纸的路是死路。三百年的第一流的聪明才智消磨在这故纸堆里，还没有什么好成绩。我们应该换条路走走了。等你们在科学实验室里有了好成绩，然后拿出你们的余力，回来整理我们的国故，那时候，一拳打倒顾亭林，两脚踢翻钱竹汀，有何难哉！

整理国故与"打鬼"

——给浩徐先生信

浩徐先生：

今天看见一〇六期的《现代》，读了你的《主客》，忍不住要写几句话寄给你批评。

你说整理国故的一种恶影响是造成一种"非驴非马"的白话文。此话却不尽然。今日的半文半白的白话文，有三种来源。第一是做惯古文的人，改做白话，往往不能脱胎换骨，所以弄成半古半今的文体。梁任公先生的白话文属于这一类；我的白话文有时候也不能免这种现状。缠小了的脚，骨头断了，不容易改成天足，只好塞点棉花，总算是"提倡"大脚的一番苦心，这是大家应该原谅的。

第二是有意夹点古文调子，添点风趣，加点滑稽意味。吴稚晖先生的文章（有时因为前一种原因）有时是有意开玩笑的。鲁迅先生的文章，有时是故意学日本人做汉文的文体，大概是打趣《顺天时报》派"的，如他的《小说史》自序。钱玄同先生是这两方面都有一点的：他极赏识吴稚晖的文章，又极赏识鲁迅弟兄，所以他做的文章也往往走上这一条路。

第三是学时髦的不长进的少年。他们本没有什么自觉的主张，又没有文学的感觉，随笔乱写，既可省做文章的工力，又可以借吴老先生作幌子。这种懒鬼，本来不会走上文学的路去，由他们去自生自灭罢。

这三种来源都和"整理国故"无关。你看是吗？

平心说来，我们这一辈人都是从古文里滚出来的，一二十年的死工夫或二三十年的死工夫究竟还留下一点子鬼影，不容易完全脱胎换骨。即如我自己，必须全副精神贯注在修辞造句上，方才可以做纯粹的白话文；偶一松懈（例如做"述学"的文字，如《章实斋年谱》之类），便成了"非驴非马"的文章了。

大概我们这一辈"半途出身"的作者都不是做纯粹国语文的人。新文学的创造者应该出在我们的儿女的一辈里。他们是"正途出身"的；国语是他们的第一语言；他们大概可以避免我们这一辈人的缺点了。

但是我总想对国内有志做好文章的少年们说两句忠告的话。第一，做文章是要用力气的。第二，在现时的作品里，应该拣选那些用气力做的文章做样子，不可挑那些一时游戏的作品。

其次，你说国故整理的运动总算有功劳，因为国故学者判断旧文化无用的结论可以使少年人一心一意地去寻求新知识与新道德。你这个结论，我也不敢承认。

国故整理的事业还在刚开始的时候，决不能说已到了"最后一刀"。我们这时候说东方文明是"懒惰不长进的文明",这种断语未必能服人之心。六十岁上下的老少年如吴稚晖、高梦旦也许能赞成我的话。但是一班黑头老辈如曾慕韩、康洪章等诸位先生一定不肯同意。

那"最后一刀"究竟还得让国故学者来下手。等他们用点真功夫,充分采用科学方法,把那几千年的烂账算清楚了,报告出来,叫人们知道儒是什么,墨是什么,道家与道教是什么,释迦达摩又是什么,理学是什么,骈文、律诗是什么,那时候才是"最后的一刀"收效的日子。

近来想想,还得双管齐下。输入新知识与新思想固是要紧,然而"打鬼"更是要紧。宗杲和尚说的好:

> 我这里无法与人,只是据款结案。恰如将个琉璃瓶子来,护惜如什么,我一见便为你打破。你又将得摩尼珠来,我又夺了。见你怎地来时,我又和你两手截了。所以临济和尚道,"逢佛杀佛,逢祖杀祖,逢罗汉杀罗汉"。你且道,"既称善知识,为什么却要杀人?你且看他是什么道理?"

浩徐先生,你且道,清醒白醒的胡适之却为什么要钻到烂纸堆里去"白费劲儿"?为什么他到了巴黎不去参观柏斯德研究所,却在那敦煌烂纸堆里混了十六天的工夫?

我披肝沥胆地奉告人们:只为了我十分相信"烂纸堆"里

有无数无数的老鬼，能吃人，能迷人，害人的厉害胜过柏斯德（Pasteur）发现的种种病菌。只为了我自己自信，虽然不能杀菌，却颇能"捉妖""打鬼"。

这回到巴黎、伦敦跑了一趟，搜得不少"据款结案"的证据，可以把达摩、慧能，以至"西天二十八祖"的原形都给打出来。据款结案，即是"打鬼"。打出原形，即是"捉妖"。

这是整理国故的目的与功用。这是整理国故的好结果。

你说："我们早知道在那方面做工夫是弄不出好结果来的。"那是你这聪明人的一时懵懂。这里面有绝好的结果。用精密的方法，考出古文化的真相；用明白晓畅的文字报告出来，叫有眼的都可以看见，有脑筋的都可以明白。这是化黑暗为光明，化神奇为臭腐，化玄妙为平常，化神圣为凡庸：这才是"重新估定一切价值"。它的功用可以解放人心，可以保护人们不受鬼怪迷惑。

西滢先生批评我的作品，单取我的《文存》，不取我的《哲学史》。西滢究竟是一个文人，以文章论，《文存》自然远胜《哲学史》。但我自信，中国治哲学史，我是开山的人，这一件事要算是中国一件大幸事。这一部书的功用能使中国哲学史变色。以后无论国内国外研究这一门学问的人都躲不了这一部书的影响，凡不能用这种方法和态度的，我可以断言，休想站得住。

梁漱溟先生在他的书里曾说，依胡先生的说法，中国哲学也不过如此而已。（原文记不起了，大意如此。）老实说来，这正是我的大成绩。我之所以要整理国故，只是要人明白这些东西原来"也不过如此"！本来"不过如此"，我所以还他一个"不过如此"。这叫作"化神奇为臭腐，化玄妙为平常"。

　　禅宗的大师说："某甲只将花插香炉上，是和尚自疑别有什么事。"把戏千万般，说破了"也不过如此"。

格致与科学

科学初到中国的时候，没有相当的译名，当时的学者就译作"格致"。格致是"格物致知"的缩写。《大学》里有一句"致知在格物"，但没有说明"格物"是什么或是怎样做。到了宋朝，一班哲学家都下过"格物"的界说，后来竟有六七十家的不同的界说。其中最有势力的一个界说是程子（程颐）、朱子（朱熹）合作的。他们说，"格就是到"，格物就是到物上去穷究物的理。朱子说得最清楚：

> 天下之物莫不有理，而吾心之明莫不有知。……即凡天下之物，莫不因其已知之理而益穷之，以求至乎其极。

即（就）物穷理，是格物；求至乎其极，是致知。

这确是科学的目标，所以当时译科学为"格致"是不错的。

有人问程子，格物的"物"有多大的范围，程子答道：自一身之中，至万物之理，都是物。他又说：一草一木都应该研究。就是近代科学的研究范围也不过如此。

程子、朱子说的格物方法，也很应注意。他们教人：今日格一物，明日又格一物；今日穷一理，明日又穷一理。只要积累多了，自然有豁然贯通的日子。

程子、朱子确是有了科学的目标、范围、方法。何以他们不能建立中国的科学时代呢？

他们失败的大原因，是因为中国的学者向来就没有动手动脚去玩弄自然界实物的遗风。程子的大哥程颢就曾说过"玩物丧志"的话。他们说要"即物穷理"，其实他们都是长袍大袖的士大夫，从不肯去亲近实物。他们至多能做一点表面的观察和思考，不肯用全部精力去研究自然界的实物。

久而久之，他们也觉得"物"的范围太广泛了，没有法子应付。所以程子首先把"物"的范围缩小到三项：（一）读书穷理；（二）尚论古人；（三）应事接物。后来程朱一派都依着这三项的小范围，把那"凡天下之物"的大范围完全丢了。范围越缩越小，后来竟从"读书穷理"更缩到"居敬穷理""静坐穷理"，离科学的境界更远了。

明朝有个理学家王阳明（王守仁），他曾讥笑程子、朱子的格物方法。他说："即物穷理是走不通的路。我们曾实地试验过来。有一天，一位姓钱的朋友想实行格物，我叫他去格庭前的竹子。钱先生坐在竹子边，格了三天三夜，格不出道理来。我就自己去试试，一连格了七天，也格不出道理来。我们只好叹口气，说，圣贤是做不成的了，因为我们没有那么大的精力去格物！"

王阳明这段话最可以表示中国的士大夫从来没有研究自然的风气，从来没有实验科学的方法，所以虽然有"格物致知"的理想，终不能实行"即物穷理"，终不能建立科学。

17世纪以后的"朴学"（又叫作"汉学"），用精密的方法去研究训诂音韵，去校勘古书。他们做学问的方法是科学的，他们的实事求是的精神也是科学的。但他们的范围还跳不出"读书穷理"的小范围，还没有做到那"即物穷理"的科学大范围。

所以我们中国人的科学遗产只有两件：一是程子、朱子提出的"即物穷理"的科学目标，一是三百年来朴学家实行的"实事求是"的科学精神与方法。

我们现在和将来的努力，要把这两项遗产打成一片：要用那朴学家"实事求是"的精神与方法来实行理学家"即物穷理"的理想。

推 论 与 思 想

何谓思想（Thinking）？中国人用"思想"两字，有种种意义。"思想"乃是古文"思"字的复音语，我们可先看古人用"思"字作何解说。"思"字（🧠）从心从囟，囟即是俗话说的"囟门"，古人以为"思者心神通于脑"，故从囟。"思"字所包极广，如梁简文说"发虑在心谓之思"；因此凡心所想的都可叫作思。如下举各例：

（1）憧憧往来，朋从尔"思"。"思"无邪。

（2）我思古人，未之思也，夫何远之有？

（3）博学之，审问之，慎"思"之，明辨之，笃行之。

（4）日"思"误书，更是一适。（邢子才语）仲容好学深"思"，以日"思"误书为一适。（俞樾序孙诒让《札移》）。

（5）每得一佳本，晨夕目诵；遇有钩棘难通者，疑牾累积，辄郁轖不怡；或穷"思"博讨，不见端倪，偶涉他编，乃获确证，旷然昭窹，宿疑冰释，则又欣然独笑。（孙诒让《札移》

自序）。

看以上各例，可得几种解说：

Ⅰ．凡心中所起的念头都可叫作"思"。正思邪思，"心血来潮"的思，"兔起鹘落"的思，"胡思乱想"的思，醉人的思，清醒人的思，都是"思"。如上（1）条各句。

Ⅱ．思字可作"想到""想着""想起"解，如上（2）条各例。"我思古人"是"想到"古人；"未之思也"是不曾"想着"他。今人也说"我想着我的母亲"或"我想起一件事来了"；又如戏台上唱的"思想起来，好不伤心也"，都只是这第二个意义。这一种"思"不过是"想念"或是"回想"，不是"思"的正义。这种"思"或从面前的事物想到不在面前的事物，或从现在想到过去，都带有一点限制，不像第一个意义的漫无限制了。

Ⅲ．上文（3）条把"思"字同学、问、辩等字对举。《论语》上所说"学而不思则罔，思而不学则殆"，也是把"思"字同"学"字对举。此例甚多，不必多举。于此可见"思"是与"学"对立的一种作用：学是领纳仿效外来给我的事物，如读书学画之类；"思"是反省于心，自己寻出所学事物的道理来。程子注《论语》"学而不思"两句道："不求诸心，故昏而无得；不习其事，故危而不安。""思"字只是"求诸心"一个作用，带有自动地去取选择，不是一味盲从了。但是"求诸心"三个字是很泛的，虽有自动地去取，但所以去取的理由根据仍旧是很含糊的。譬如说"古人以为地是平的，不是圆的，几千年来人都是如此想法",又如说"我想孔子说的话是不错的",这种"想"何尝不"求诸心",但仍旧是含混的思想,不是依据于明了的证据的思想。

Ⅳ.上文(4)(5)两条例说的"思"乃是"思"字最重要的意义。(4)条所引邢、俞两人"日思误书"的"思"与(5)条所引孙氏的话同一作用,但孙氏所说更为详细,故可用来说明"思"的最高意义。孙氏说他自己读古书遇有"钩棘难通者",便起一种疑难,使他心中闷闷不乐;于是他便去"穷思博讨",要想寻出解决这种疑难的法子;后来在别处忽然寻得解决的确证,于是"旷然昭寤,宿疑冰释";到了此时,从前的闷闷不乐又变为"欣然独笑了"。这种思想与上之三种思想的根本□□□□□□□①,作为领纳信□□□□□用此事物□□□□。信用后者,这种作用可称为有条理的思想,这便是□□□的最高意义。

思想与推论 上篇说过,"推论"是用已知的事物作根据,由此推知别种事物或真理的作用。把这个界说比较上文"思想"的第四种意义,便知我们所说"有条理的思想",其实只是"推论的思想",即是推论。我们恭维人说"某人富于思想",又说,"某人的思想薄弱",我们所指并不是"胡思乱想"的思想,也不是证据含混的思想,这两种是人人都有的,我们所指乃是这种有条理、有确证的推论思想。这种思想乃是伦理学的研究

---

① 底本模糊,下同。

资料。伦理学所研究的方法只是这种思想的方法。

有条理的思想之特性　有条理的思想需具有两个特别条件：（1）须先有一种疑惑困难的情境；（2）须有"穷思博讨"的作用，要寻出新事物或新知识用来解决这种疑难。如上文（5）条所引孙氏的话，读书遇着"钩棘难通"的地方，使他疑惑不乐，这便是第一个条件，于是他去"穷思博讨"，寻求确证，这便是第二个条件。我且举一个具体的例。《墨子·小取篇》有一条界说道："辟也者，举也物而以明之也。"这句中"举也物"三字不可解，便成一桩疑难。毕沅注《墨子》，不肯去仔细研究，竟把"也"字删去，说它是衍文。这种手段是不合校勘学方法的，因为校勘学家的第一条戒律是"不可无故衍字"。王念孙校勘《墨子》便不敢武断，止去"穷思博讨"，于是寻出《墨子》书里的"他"字都写作"也"字；因此知道此句当作"举他物"，举他物而以明此物，叫作譬。这便是寻出一个满意的解决法了。

这两个条件都极重要。人都知"穷思博讨"的条件是重要的，但人往往把第一个条件看得太轻了，却不知道这个条件正不可少。我们平常的动作，多只是不用意识不用思想的动作，如呼吸走动之类。直到一种疑难发生时，方才有推论的作用，方才真正运用思想的能力。平常没有疑难时固然也会有思想，但是那时的思想大都是想东想西的胡思乱想。这种思想，不但无益，而且有害。到了疑难问题发生时，有了这个疑难便定了思想的范围，此时的思想便都向着"解决这个疑难"一个目的上去，便不是无目的的胡思乱想了。即如上文所举《小取篇》"举也物"三字的例，读书的人心里存了这个"也"字的疑问，他去"穷思博讨"时便存着解决这疑问的目的，所以他遇着《墨子》中的"也"字便拿来比较参看，由此方才寻出"也字即是他字"的解决方法。即此可见"疑难"一个条件的重要。杜威（Dewey）说："疑难的问题定思想的目的，思想的目的定思想的手续。"

〔注〕　本篇大旨根据于吾师杜威教授（John Dewey）之 How We Think 之第一篇，但篇中材料举例全改用吾国事例。又杜威用 Thinking 与 Inference 两字广狭不同，今改从通行之用法。

史 学 与 证 据

　　史学，不用解释，是讲过去的事实，把已经过去的事实，记载下来。第一是有无的问题；第二是真假问题；第三是是非问题。所以，怎样可以知道历史所记之事实究竟有无？真假？以何为标准呢？就要证据。证据是什么呢？凡是用事实证明过去事实有无、是非、真伪的，都叫证据。证据不仅证明，还需事实。在外国有这个区别，证据叫 evidence，证实是 prove。证实是证据的结果，不过要知道此证据是否成立，站得住站不住，真的假的。所以几何学上最后是 prove。证实是个结果，据是个材料。凡是用来证明有无、真假、是非之材料，有了证据，不一定证明是事实。

　　现在先讲证据的性质。为什么证据可以成为证明某事之有与无及真与伪呢？我们知道，凡是一件事发生，一件事经过，总不免留下某种痕迹。"迹"就是脚印子，你走路时留下的脚印子，你走路时在土地上、沙上、地板上之踪迹。这是所谓迹。

凡是一件事，无论怎样，总会留下踪迹。像世界上有的事在发生经过时，总会留下一种有痕迹的地方。自然界，大自然之变化，整个宇宙之变化，古语说化沧海为桑田，这是事实。大自然是没有历史，没有人记载；但它未免不留下很多很多的痕迹，蚌壳、化石，水底下的东西，怎会跑到高山顶上呢？并且不是一层，很多很多。这就是大自然（nature）留下的事实。这高山也许几百万年以前在海底，到后来才整个变为高山。高山变为平地，海底变为高山，这个大变化，就是古生物学所谓大自然之痕迹。大自然界来证明是在海底下，虽然没有历史记载在这山顶上，但这就是自然历史也留有痕迹。很多侦探小说，某人偷东西犯了案，或凶手杀人时，总不免有痕迹留在那儿，留在这儿，好像很干净，但不知不觉留下手印，侦探来察时就可以发现。有的聪明强盗，看侦探小说看多了，戴了橡皮手套，绝不留下手印，但不留神，留下香烟，甚至在无意中打架时，留一撮头发在死者手中，如此就可化验，头发也有个性。所以在他经过时，无论怎样，有了痕迹总不免给人听见、给人看见，或别人给他记载证据，最后理论。

所谓证据，都是某一事实有意无意留下的痕迹。像《水浒传》武松杀人，杀了人后，在墙上写"杀人者武松"，但很少人如此老实，有许多人想毁灭证据。皇帝《起居》、皇帝《实录》每一代都有补改毁灭的地方。搜求，为什么搜求？研究历史有"证据基本法"，如这事有了，总是有证据。所以往往许多人搜求，多得到报答。

最要紧的是：凡是证据，不一定都可靠、都可用，所以就有所谓证据法（Law of Evidence），英、美民族都有，欧洲大陆上就没有。英、美法演变成一个很重要的过程，因此还保留陪审制度。陪审制度者就是公民，凡公民有此义务，虽然并未进过法院，但都是些老年人，中年人很少。因此，凡是关于法律问题，须由法官指导；凡关证据民情都由陪审员决定，结果由十二个人宣判，由他们关紧了门商议，往往有许多天不许与外人往来，而律师也往往向此十二人诘问，因为律师知道他们都无法律常识。譬如，某人三年前偷过东西，律师说，三年前偷东西不能算证据，如果从前打人，打的罪也不能算证据。这个叫陪审制（Jury）。尤其像英美，他们要知道普通一般人的判断力才如此。我以为历史学家用证据，最好也学一学证据法。因为不承认、不接受的条件，历史上往往也不许接受。有四条原理：

一、不关本案的事实不成证据。譬如，打老婆的人，你说他偷东西，这不能成为证据。

二、不可靠之事实，不算证据。譬如，如果用钱买通人做证据，这就失了证据的真实性。详细情形，下面再讲。

三、传闻（hearsay）之词不能成立。譬如，有一件事郑先生说是听邓先生说的，邓先生说是听张先生说的，辗转相闻。这样也不能成立。

四、个人之意见不能成立。像一件事，我没有看见，也没有听见过，不过听人家说的，这不能成立。

这几条在我看起来，历史上都可以用，都应当遵守。

这一百五十年当中，就发生了一特殊的案子——《水经注》。一个姓赵叫一清，一个戴震，他们都是乾隆时代的学者。还有一个叫全祖望。他们三人，全祖望先死，赵一清、戴震次。可是《水经注》戴震先出来，后赵一清、全祖望的《水经注》始终未写成功。到了距今六十年左右，引起了极大的辩论。有人说，戴震在《水经注》里称他老师江永叫老儒，可见是他偷赵一清的。这就是犯了第一条。

还有《易林》，这是本卜卦的书，内容是研究卦的变幻。著者焦延寿、崔篆，也闹起了版权问题。焦延寿是纪元前一世纪的人，崔篆是纪元后一世纪的人，相隔大概一百年左右。《四库全书提要》有记载说：东汉永平四年，天大旱，用之卜卦，如此可见焦氏所著。记载当然不会错。因为当时卜卦以后，第二天果下雨，这样史官才给记录下来。可是他并没有说是所著的《易林》。这也是犯了第一条。

王昭君，大家都知道是汉朝和藩的一个漂亮女子。《易林》上也提到，所以有人说焦氏是在汉朝以前的人，可见不是他著的，是崔氏所著。乍看起来好像对。不过要知道虽不是焦氏所著，但未必就是崔氏所著。所以这第一条看起来很简单，其实应用无穷。

第二条，用不着我多讲了。还是拿《水经注》来说，全祖望的本子第一个发现的是"阿拉"宁波人王梓材。他是讲理学的先生，他到北平正是鸦片战争，也是反对罢戴最热烈的时候。他想：好了，不是戴的，也不是赵的，是"阿拉"的。有人问：证据呢？他说：在宁波。他回宁波一年以后，果然拿出一部全祖望的《水经注》。其实完全是假的。

我这次到南京，在图书馆看见真的全祖望没有写完的《水经注》，费了三天工夫抄了回来。

第三，用直接材料而不能用间接材料。不是原本不能用，更不能用辗转抄写的本子。譬如《聊斋》大家都知道是蒲松龄所著，张元刻的墓碑上有记载。有许多翻印本子写他死于八十六岁。我们特为找到这个墓碑，拓下来是七十六岁。这样就发生了一个笑话：有一个上海闻人，想翻印《蒲松龄文集》，他怕将来发生版权的麻烦，就关了门在鸦片铺上动脑筋，做了二百二十六首诗，所以这本文集出版以后，除了文集、词集以外，还多了二百二十六首诗。这是个新发现。但假的事实往往露出了马脚，因为他上面是照八十六岁的本子抄的，所以诗中有一首是《八十六□□》，还有"我今年六十八矣"的句子，下面写康熙几年，我算了算错十年，正是照八十六岁推算出来的，可见不对。现在《聊斋全集》清华大学有一部、马先生有一部、我有一部。拿来一齐校对，词集、文集都有，就是没有诗集。所以用材料，不可不用原本。像这位先生就给我抓住欺诈取财的罪。

还有《宋史》，尤其北宋，更尤其是在神宗、仁（哲）宗之间，王安石变法，新旧翻来翻去，历史改来改去，而元代也拿它做材料。这都是常识。

最近，我要说几句话，在《经世日报》郑先生主编的《读书周刊》，我写过一篇东西，有人问做官的秘诀是什么？他回答勤、谨、和、缓。这是几千年来做官的秘诀。研究历史也是这样。

第一，勤，寻材料要手勤、耳勤、眼勤，不懒才能找到材料。

第二，谨，严记不可靠、不相干的东西不能用。小心，因为如果你抄错了，还要使别人犯刑事法。所以校对一次，再校对一次，绝对不能苟且，一笔、一字、一句都要研究。

第三，和，就是心平气和，不要容易动火，不要在感情上用事，自己错了，认错，放弃错的证据，引用对的证据。

第四，缓，是做官的秘诀，就是拖。在研究历史很重要，宁可悬而不断，不断然下结论。在证据不充分、不够的时候更不能不如此。

时间不早。最后，奉劝诸位，学此四字。

搜集史料重于修史 *

　　我非常感谢台湾省文献委员会及台北市、基隆市、台北县、桃园县、新竹县、宜兰县等文献委员会的各位先生给我参加这样一个盛大的聚会。不过说到欢迎，我实在不敢当。刚才黄（纯青）先生要我对修志问题表示意见。台湾省文献委员会等七个机构都是做征文考献工作的，他们在台湾省各地保留资料、搜集资料、整理资料，以编修《台湾省通志》及各县市的方志，这是一件大工作，要我表示意见实在不敢当。况且在座的有台湾大学、"中央研究院"历史语言研究所以及师范学院的许多位文史先生，他们对于黄先生所提出的问题，无论在知识、学术见解，以及这几年来他们参加襄助各地搜集材料的工作，都比我知道得多，在这许多文史界权威学者面前，更不敢说话了。

---

* 本文为1953年1月6日在台湾省文献会上的演讲词。

不过黄先生说我是台湾人，的确台湾是我的第二故乡，幼年时我曾在台湾住过一年又十个月。这次我到台南、台东等地，曾种了一株榕树，两株樟树，据说这两种树都有很长的寿命，将来长大了，也许有一个小小掌故的地位，也可以说替将来的台湾文献捏造一些掌故。

我还要特别感谢文献会的黄先生，将先君在台湾留下的一点记录：一个是私人日记，一个是向他长官所作的报告，予以刊行。

关于黄先生所提的修志大问题，我刚才已经说过，我是不配提出有价值的意见的，不过大家知道我从前作过一部《章实斋（学诚）年谱》，因为编这一部书，对于方志问题略曾注意。章实斋是一个史学家，是很有历史的眼光的学者，他的书中，一部分有关文史，一部分有关方志，特别对于方志部分还有许多意见。因为我编章实斋的《年谱》，所以引起我对方志的兴趣。平时我自己也搜集一些材料，但个人所搜集的材料当然有限，而且不免多是与个人有关的。但是我在国外看到搜集方志最全的是美国国会图书馆，它搜集了全中国的方志，这实在是很了不得的。从前朱（士嘉）先生曾编有一个美国国会图书馆所藏中国方志的书目，可以作为参考。在国内除了北大图书馆和上海的涵芬楼以外，很少有一个地方像美国国会图书馆搜集得那样完备。而美国除了国会图书馆以外，尚有哈佛大学、哥伦比亚大学、普林斯顿大学的收藏亦甚丰富。因此，我有一个小小的意见，今天向七个专门考献的团体的先生以及文史专家面前提出。

我觉得文献委员会这几年来所做的搜集史料、刊印史料的工作，也许比将来修志的工作格外重要。这一句话并不是说对诸位修省通志或地方志的工作不重要，我的意思是说搜集资料、保藏原料、发表原料这些工作，比整理编志的工作更重要。有了原料，将它收集保藏起来，随时随地地继续搜集，随时出版，有一种材料就印一种，这个工作比修志编志书重要得多。什么原因呢？因为志书经过一番制造整理，是一种制造品。台大前校长傅斯年先生曾说过：人家以为"二十四史"中《宋史》最多麻烦，其实在"二十四史"中《宋史》的价值最高。这个见解我是很赞成的。因为《宋史》所保藏的原料最多，经过整理删除的最少。有人以为《宋史》不好，要重新写一部；我却以为幸而《宋史》替我们保留了许多材料。再说大家都知道唐书有两部，一部《新唐书》，一部《旧唐书》。《新唐书》是宋时人作的，经过了一番整理，以做文章的方法来写历史，将材料改了很多，文章固然很谨严，一般做文章的人也许很恭维《新唐书》。但以历史的眼光看，《新唐书》是远不如《旧唐书》的。清朝学者王若虚就曾经说过《新唐书》不好。我们可以说《新唐书》不但文章不通，而且原始的材料都掉了；《旧唐书》就是因为材料较多，所以篇幅也较多，差不多比《新唐书》多了一倍，这是它的好处。

今天在座的七个团体，都是从事征文考献的工作，给台湾的历史保藏史料。原料越是保藏得多，搜集得多，比起将原料整理删除编整的工作，都远为重要。因为无论以什么方式编志，新方法也好，旧方法也好，都不免经过整理，许多材料不免受编志总纂主观的取舍。甚至毁去一部分材料，或隐藏一部分材料。经过这一阶段，往往将有价值的原料去掉，所以整理出来的东西就成为制造品。我们以现代新的眼光来看，与其编志，不如做搜集材料、发表材料，继续搜集材料、随时发表材料的工作。譬如说，"二·二八"事件是一个很不愉快的事，现在距离的时间很短，在台湾是一个很重要的问题，在这个时候不能不讨论这个问题，但讨论时不免有许多主观的见解。而关于这件事，就有许多材料不能用，不敢用，或者不便用。在这样的情形下，与其写一部志书，在方志中很简单地将"二·二八"事件叙述几遍，远不如不去谈它，不去写书，而注重在保藏史料这一方面，使真实的材料不致毁灭，而可以发表的就把它发表。这是举一个很极端的例子，来说明原料比制造品重要；说明过早提出结论，不如多保留各方面的材料，到可以发表的时候当作原料发表，不加以论断。不要使原料毁灭，我以为这个工作比编志更重要。希望各地文献委员会对于搜集材料、保存资料的工作能够继续，而且要特别地看重。不要存一种搜集资料就要编志的观念。

还有今天我在台大参观人类考古学系，看到有关高山族的考据，这是很了不得的，把高山族分成七个大类，这个工作现在刚刚开始，只是在开始搜集材料，还没有到搜集齐全的时期。有关民族、语言、方言等等的调查记录，就我所知，目前还不够，尚待继续搜集，再以新的方式整理。在开始搜集的时候，很不容易有一个结论。征文考献亦复如此，应多搜集原料、研究原料，不必在几年中将各地通志都写起来。至少在我这个半个台湾人看来是不必如此的。而应扩大搜集材料的范围，请台大、师院及历史研究所各位先生就民族学、语言学、人类学各方面以新的方法来搜集新的材料。

这是我这半个台湾人回到第二故乡，向各位负征文考献责任的先生们，以我外行的一点小意见贡献给大家。我想许多文史专家一定有更好的意见，黄先生可以请他们多多发表，我只是以我粗浅的意见供大家的参考，仅作为一种抛砖引玉的意见。

历史科学的方法 *

　　今天本人能参加这次"中国"地质学会年会，甚感荣幸。同时看到内容丰富的会刊，更觉高兴。本人对地质是外行，没有什么可讲；但因我和地质界许多位老前辈们都有深交，所以对过去地质学会的工作情形，特别清楚。本人尤其赞佩地质学会在国际上的崇高地位，对贵会前途寄予无限的期望。

　　地质学、古生物学皆属于历史科学，本人特在此提出 1880 年赫胥黎（Thomas Henry Huxley）关于研究古生物的一篇有名的讲词《柴狄的方法》（*On the Method of zadig*）的故事来谈谈。

　　赫氏所讲故事里的"柴狄"是法国一位大哲人伏尔泰（Voltare）作的小说里的主人翁，在这书中柴狄是一位巴比伦的哲学家，他喜欢仔细观察事物。有一天他在森林中散步，恰巧干后的小狗走失了，仆人正在找寻，问柴狄曾否看到。柴狄当

* 本文为1958年4月26日在"中国"地质学会年会上的演讲词。

时说那只狗是一只小母狗，刚生了小狗，并且一只脚微跛，仆人以为那只狗一定被他偷藏了，就要逮捕他。这时又有一群人来找寻国王失了的马，柴狄又说出那马是一匹头等快跑的马，身高五尺，尾长三尺半，马蹄上带着银套，嘴衔勒上有二十三"开"金子的饰品。于是他就以偷窃王家的狗和马的嫌疑被捕了。在法庭上柴狄为自己辩护，他指出：他根据沙上的痕迹就可以判断那狗是刚生小狗的母狗，左后足是跛的；又根据路旁树叶脱落的情形，可以判断马的高度，根据路的宽度和两旁树叶破碎的情形，可以判断马尾的长度；马嘴曾碰石头，那石头上的划痕，可以推知马衔勒是二十三开金制成；根据马的足迹可以判断这是一匹头等快跑的马。随后狗和马都在别处找到了，柴狄无罪被释。赫胥黎说：古生物学的方法其实就是"柴狄的方法"。

历史学家、考古学家、古生物学家、地质学家以及天文学家所用的研究方法，就是这种观察推断的方法。地质学和古生物学都是"历史的科学"，同样根据一些事实来推断造成这些事实的原因。

历史的科学和实验的科学方法有什么分别呢？实验的科学可以由种种事实归纳出一个通则。历史的科学如地质学等也可以说是同样用这种方法。但是实验科学归纳得通则之后，还可以用演绎法，依照那通则来做实验。看看某些原因具备之后是否一定发生某种预期的结果。实验就是用人工造出某种原因来试验是否可以发生某种结果。这是实验科学和历史科学最不同的一个要点。地质学和其他历史的科学，虽然也都依因果律，从某些结果推知当时产生这些结果的原因，但历史科学的证据大部分是只能搜求、只能发现，而无法再造出来反复实验的。（天文学的历史部分可以上推千万年的日月食，也可以下推千万年的日月食，也还可以推知某一个彗星大约在某年可以重出现。但那些可以推算出来的天文现象也不是用人工制造出来的。但我曾看见一位欧洲考古学家用两块石头相劈，削成"原始石器"的形状。）

正因为历史科学上的证据绝大部分是不能再造出来做实验的，所以我们做这几门学问的人，全靠用最勤劳的功夫去搜求材料，用最精细的功夫去研究材料，用最谨严的方法去批评审查材料。

这种功夫，这种方法，赫胥黎在 1880 年曾指出，还不过是"柴狄的方法"。柴狄的方法，其实就是我们人类用常识来判断推测的方法。赫胥黎说："游牧的民族走到了一个地方，看见了折断了的树枝，踏碎了的树叶，搞乱了的石子，不分明的脚印，从这些痕迹上，他们不但可以推断有一队人曾打这里经过，还可以估计那一队的人数有多少，有多少马匹，从什么方向来，往什么方向去，过去了几天了。"

历史科学的方法不过是人类常识的方法，加上更严格的训练，加上更谨严的纪律而已。

第三章

读书与做人

人生问题

　　1903年，我只有十二岁，那年12月17日，有美国的莱特弟兄做第一次飞机试验，用很简单的机器试验成功，因此美国定12月17日为飞行节。12月17日正是我的生日，我觉得我同飞行有前世因缘。我在前十多年，曾在广西飞行过十二天，那时我作了一首《飞行小赞》，这算是关于飞行的很早的一首词。诸位飞过大西洋、太平洋，我在民国三十年（1941年），在美国也飞过四万英里，这表示我同诸位不算很隔阂。

　　今天大家要我讲人生问题，这是诸位出的题目，我来交卷。

　　这是很大的问题，让我先下定义，但定义不是我的，而是思想界老前辈吴稚晖的。他说：人为万物之灵，怎么讲呢？第一，人能够用两只手做东西。第二，人的脑部比一切动物的都大，不但比哺乳动物大，并且比人的老祖宗猿猴的还要大。有这能做东西的两手和比一切动物都大的脑部，所以说人为万物之灵。

人生是什么？即是人在戏台上演戏，在唱戏。看戏有各种看法，即对人生的看法叫作人生观。但人生有什么意义呢？怎样算好戏？怎样算坏戏？我常想：人生意义就在我们怎样看人生。意义的大小浅深，全在我们怎样去用两手和脑部。人生很短，上寿不过百年，完全可用手脑做事的时候，不过几十年。有人说，人生是梦，是很短的梦。有人说，人生不过是肥皂泡。其实，就是最悲观的说法，也证实我上面所说人生的有没有意义，全看我们对人生的看法。就算他是做梦吧，也要做一个热闹的、轰轰烈烈的好梦，不要做悲观的梦。既然辛辛苦苦地上台，就要好好地唱个好戏，唱个像样子的戏，不要跑龙套。

人生不是单独的，人是社会的动物，他能看见和想象他所看不到的东西，他有能看到上至数百万年下至子孙百代的能力。无论是过去、现在或将来，人都逃不了人与人的关系。比如这一杯茶（讲演桌上放着一杯玻璃杯盛的茶）就包括多少人的贡献，这些人虽然看不见，但从种茶、挑选，用自来水，自来水又包括电力等等，这有多少人的贡献，这就可以看出社会的意义。我们的一举一动，也都有社会的意义，譬如我随便往地上吐口痰，经太阳晒干，风一吹起，如果我有痨病，风可以把病菌带给几个人到无数人。我今天讲的话，诸位也许有人不注意，也许有人认为没道理，也许说胡适之胡说，是瞎说八道，也许有人因我的话而去看看书，也许竟一生受此影响。一句话，一句格言，都能影响人。

我举一个极端的例子，两千五百年前，离尼泊尔不远地方，路上有一个乞丐死了，尸首正在腐烂。这时走来一位年轻的少爷叫 Gotama，后来就是释迦牟尼佛，这位少爷是生长于深宫中不知穷苦的，他一看到尸首，问这是什么？人说这是死。他说：噢！原来死是这样子，我们都不能不死吗？这位贵族少爷就回去想这问题，后来跑到森林中去想，想了几年，出来宣传他的学说。就是所谓佛学。这尸身腐烂一件事，就有这么大的影响。

飞机在莱特兄弟做试验时，是极简单的东西，经四十年的工夫，多少人聪明才智，才发展到今天。我们一举一动，一言一行，一点行为都可以有永远不能磨灭的影响。几年来的战争，都是由希特勒的一本《我的奋斗》闯的祸，这一本书害了多少人？反过来说，一句好话，也可以影响无数人，我讲一个故事：民国元年，有一个英国人到我们学堂讲话，讲的内容很荒谬。但他的 O 字的发音，同普通人不一样，是尖声的，这也影响到我的 O 字发音，许多我的学生又受到我的影响。在四十年前，有一天我到一外国人家去，出来时鞋带掉了，那外国人提醒了我，并告诉我系鞋带时，把结头底下转一弯就不会掉了，我记住了这句话，并又告诉许多人，如今这外国人是死了，但他这句话已发生不可磨灭的影响。总而言之，从顶小的事情到顶大的像政治、经济、宗教等等，我们的一举一动都有不可磨灭的影响，尽管看不见，影响还是有。

在孔夫子小时，有一位鲁国人说：人生有三不朽，即立德、立功、立言。立德就是最伟大的人格，像耶稣、孔子等。立功就是对社会有贡献。立言包括思想和文学，最伟大的思想和文学都是不朽的。但我们不要把这句话看得贵族化，要看得平民化，比如皮鞋打结不散、吐痰、O 的发音，都是不朽的。就是说：不但好的东西不朽，坏的东西也不朽，善不朽，恶亦不朽。一句好话可以影响无数人，一句坏话可以害死无数人。这就给我们一个人生标准，消极的我们不要害人，要懂得自己行为。积极的要使这社会增加一点好处，总要叫人家得我一点好处。

再回来说，人生就算是做梦，也要做一个像样子的梦。宋朝的政治家王安石有一首诗，题目是《梦》，说："知世如梦无所求，无所求心普定寂，还似梦中随梦境，成就河沙梦功德。"不要丢掉这梦。要好好去做！即算是唱戏，也要好好去唱。

个人自由与社会进步

——再谈五四运动

5月5日《大公报》的星期论文是张熙若先生的《国民人格之修养》，这篇文字也是纪念"五四"的，我读了很受感动，所以转载在这一期。我读了张先生的文章，也有一些感想，写在这里做今年五四纪念的尾声。

这年头是"五四运动"最不时髦的年头。前天五四，除了北京大学依惯例还承认这个北大纪念日之外，全国的人都不注意这个日子了，张熙若先生"雪中送炭"的文章使人颇吃一惊。他是政治哲学的教授，说话不离本行，他指出五四运动的意义是思想解放，思想解放使得个人解放，个人解放产出的政治哲学是所谓个人主义的政治哲学。他充分承认个人主义在理论上和事实上都有缺点和流弊，尤其在经济方面。但他指出个人主义自有它的优点：最基本的是它承认个人是一切社会组织的来源。他又指出个人主义的政治理论的神髓是承认个人的思想自由和言论自由，他说：

个人主义在理论上及事实上都有许多缺陷和流弊，但以个人的良心为判断政治上是非之最终标准，却毫无疑义是它的最大优点，是它的最高价值。……至少，它还有养成忠诚勇敢的人格的用处。此种人格在任何政制下（除过与此种人格根本冲突的政制）都是有无上价值的，都应该大量地培养的。……今日若能多多培养此种人才，国事不怕没有人担负。救国是一种伟大的事业，伟大的事业唯有有伟大人格者才能胜任。

张先生的这段议论，我大致赞同。他把"五四运动"一个名词包括"五四"（民国八年）前后的新思潮运动，所以他的文章里有"民国六七年的五四运动"一句话。这是五四运动的广义，我们也不妨沿用这个广义的说法。张先生所谓"个人主义"，其实就是"自由主义"（Liberalism）。我们在民国八九年之间，就感觉到当时的"新思潮""新文化""新生活"有仔细说明意义的必要。无疑的，民国六七年北京大学所提倡的新运动，无论形式上如何五花八门，意义上只是思想的解放与个人的解放。蔡元培先生在民国元年就提出"循思想自由言论自由之公例，不以一流派之哲学一宗门之教义梏其心"的原则了。他后来办北京大学，主张思想自由、学术独立、百家平等。在北京大学里，辜鸿铭、刘师培、黄侃和陈独秀、钱玄同等同时教书讲学。别人颇以为奇怪，蔡先生只说："此思想自由之通则，而大学之所以为大也。"（《言行录》，页二二九）这样百家平等，最可以引起青年人的思想解决。我们在当时提倡的思想，当然很显出个人主义的色彩。但我们当时曾引杜威先生的话，指出个人主义有两种：

(1) 假的个人主义就是为我主义（Egoism），它的性质是只顾自己的利益，不管群众的利益。

(2) 真的个人主义就是个性主义（Individuality），它的特性有两种：一是独立思想，不肯把别人的耳朵当耳朵，不肯把别人的眼睛当眼睛，不肯把别人的脑力当自己的脑力。二是个人对于自己思想信仰的结果要负完全责任，不怕权威，不怕监禁杀身，只认得真理，不认得个人的利害。

这后一种就是我们当时提倡的"健全的个人主义"。我们当日介绍易卜生（Ibsen）的著作，也正是因为易卜生的思想最可以代表那种健全的个人主义。这种思想有两个中心见解：第一是充分发展个人的才能，就是易卜生说的："你要想有益于社会，最好的法子莫如把你自己这块材料铸造成器。"第二是要造成自由独立的人格，像易卜生的《国民公敌》戏剧里的斯铎曼医生那样"贫贱不能移，富贵不能淫，威武不能屈"，这就是张熙若先生说的"养成忠诚勇敢的人格"。

近几年来，五四运动颇受一班论者的批评，也正是为了这种个人主义的人生观。平心说来，这种批评是不公道的，是根据于一种误解的。他们说个人主义的人生观是资本主义社会的人生观，这是滥用名词的大笑话。难道在社会主义的国家里就可以不用充分发展个人的才能了吗？难道社会主义的国家里就用不着有独立自由思想的个人了吗？难道当时辛苦奋斗创立社会主义共产主义的志士仁人都是资本主义社会的奴才吗？我们试看苏俄现在怎样用种种方法来提倡个人的努力（参看《独立》第一二九号西滢的《苏俄的青年》，和蒋廷黻的《苏俄的英雄》），就可以明白这种人生观不是资本主义社会所独有的了。

　　还有一些人嘲笑这种个人主义，笑它是 19 世纪维多利亚时代的过时思想，这种人根本就不懂得维多利亚时代是多么光华灿烂的一个伟大时代。马克思、恩格斯都生死在这个时代里，都是这个时代的自由思想独立精神的产儿，他们都是终身为自由奋斗的人。我们去维多利亚时代还老远哩，我们如何配嘲笑维多利亚时代呢！

　　所以我完全赞同张熙若先生说的"这种忠诚勇敢的人格在任何政治下都是有无上价值的，都应该大量地培养的"。因为这种人格是社会进步的最大动力。欧洲十八九世纪的个人主义造出了无数爱自由过于面包、爱真理过于生命的特立独行之士，方才有今日的文明世界。我们现在看见苏俄的压迫个人自由思想，但我们应该想想，当日在西伯利亚冰天雪地里受监禁拘囚的十万革命志士，是不是新俄国的先锋？我们到莫斯科去看了那个很感动人的"革命博物馆"，尤其是其中展览列宁一生革命历史的部分，我们不能不深信：一个新社会、新国家，总是一些爱自由爱真理的人造成的，绝不是一班奴才造成的。

张熙若先生很大胆地把五四运动和民国十五六年的国民革命运动相提并论，并且很大胆地说这两个运动走的方向是相同的。这种议论在今日必定要受不少的批评，因为有许多人绝不肯承认这个看法。平心说来，张先生的看法也不能说是完全正确。民国十五六年的国民革命运动至少有两点是和民国六七八年的新运动不同的：一是苏俄输入的党纪律，一是那几年的极端民族主义。苏俄输入的铁纪律含有绝大的"不容忍"（Intoleration）的态度，不容许异己的思想，这种态度是和我们在五四前后提倡的自由主义很相反的。

五四运动虽然是一个很纯粹的爱国运动，但当时的文艺思想运动却不是狭义的民族主义运动。蔡元培先生的教育主张是显然带有"世界观"的色彩（《言行录》，页一九七），《新青年》的同人也都很严厉地批评指斥中国旧文化。其实孙中山先生也是抱着大同主义的，他是信仰"天下为公"的理想的，但中山先生晚年屡次说起鲍洛庭同志劝他特别注重民族主义的策略，而民国十四五年的远东局势，又逼我们中国人不得不走上民族主义的路。十四年到十六年的国民革命的大胜利，不能不说是民族主义的旗帜的大成功。可是民族主义有三个方面：最浅的是排外，其次是拥护本国固有的文化，最高又最艰难的是努力建立一个民族的国家。因为最后一步是最艰难的，所以一切民族主义运动往往最容易先走上前面的两步。济南惨案以后，九一八以后，极端的叫嚣的排外主义稍稍减低了，然而拥护旧文化的喊声又四面八方地热闹起来了。这里面容易包藏守旧开倒车的趋势。所以也是很不幸的。

在这两点上，我们可以说，民国十五六年的国民革命运动是不完全和五四运动同一方向的。但就大体上说，张熙若先生的看法也有不小的正确性。孙中山先生是受了很深的安格鲁撒克逊民族的自由主义的影响的，他无疑的是民治主义的信徒，又是大同主义的信徒，他一生奋斗的历史都可以证明他是一个爱自由爱独立的理想主义者。我们看他在民国九年（1920 年）一月《与海外同志书》（引见上期《独立》）里那样赞扬五四运动，那样承认"思想之转变"为革命成功的条件；我们更看他在民国十三年（1924 年）改组国民党时那样容纳异己思想的宽大精神——我们不能不承认，至少孙中山先生理想中的国民革命和五四运动是同一方向的。因为中山先生相信"革命之成功必有赖于思想之转变"，所以他能承认五四运动前后的"新文化运动实为最有价值的事"。思想的转变是在思想自由言论自由的条件之下个人不断地努力的产儿，个人没有自由，思想又何从转变，社会又何从进步，革命又何从成功？

宁鸣而死，不默而生

几年前，有人问我，美国开国前期争自由的名言"不自由，毋宁死"〔原文是 Patrick Henry 在 1775 年的"给我自由，否则给我死"（Give me liberty, or give me death）〕，在中国有没有相似的话。我说，我记得是有的，但一时记不清楚是谁说的了。

我记得是在王应麟的《困学纪闻》里见过有这样一句话，但这几年我总没有机会去翻查《困学纪闻》。今天偶然买得一部影印元本的《困学纪闻》，昨天检得卷十七有这一条：

> 范文正《灵乌赋》曰："宁鸣而死，不默而生。"其言可以立懦。

"宁鸣而死，不默而生"，当时往往专指谏诤的自由，我们现在叫作言论自由。

范仲淹生在西历989年，死在1052年，他死了903年了。他作《灵乌赋》答梅圣俞的《灵乌赋》，大概是在景祐三年（1036年）他同欧阳修、余靖、尹洙诸人因言事被贬谪的时期，这比亨利柏烈的"不自由，毋宁死"的话要早740年。这也可以特别记出，作为中国争自由史上的一段佳话。

梅圣俞名尧臣，生在西历1003年，死在1061年。他集中有《灵乌赋》，原是寄给范仲淹的，大意是劝他的朋友们不要多说话。赋中有这句子：

> 凤不时而鸣，
>
> 乌哑哑兮招唾骂于里间。
>
> 乌兮，事将乖而献忠，
>
> 人反谓尔多凶。……
>
> 胡不若凤之时鸣，
>
> 人不怪兮不惊！……
>
> 乌兮，尔可，
>
> 吾今语汝，庶或我（原作汝，似误）听。
>
> 结尔舌兮钤尔喙，
>
> 尔饮啄兮尔自遂。
>
> 同翱翔兮八九子，
>
> 勿噪啼兮勿睥睨，
>
> 往来城头无尔累。

这篇赋的见解、文辞都不高明。（圣俞后来不知因何事很怨恨范文正，又有《灵乌后赋》，说他"憎鸿鹄之不亲，爱燕雀之来附。既不德，又反我怒。……远己不称，昵己则誉。"集中又有《谕乌诗》，说："乌时来佐凤，署置且非良，咸用所附己，欲同助翱翔。"此下有一段丑诋的话，好像也是骂范文正的。这似是圣俞传记里一件疑案，前人似没有注意到。）

范仲淹作《灵乌赋》，有自序说：

> 梅君圣俞作是赋，曾不我鄙，而寄以为好。因勉而和之。庶几感物之意同归而殊途矣。

因为这篇赋是中国古代哲人争自由的重要文献，所以我多摘抄几句：

> 灵乌，灵乌，
> 尔之为禽兮何不高飞而远翥？
> 何为号呼于人兮告吉凶而逢怒！
> 方将折尔翅而烹尔躯，
> 徒悔焉而亡路。
> 彼哑哑兮如诉，
> 请臆对而忍谕：
> 我有生兮累阴阳之含育，
> 我有质兮处天地之覆露。

长慈母之危巢，

托主人之佳树。

……

母之鞠兮孔艰，

主之仁兮则安。

度春风兮既成我以羽翰，

眷庭柯兮欲去君而盘桓。

思报之意，厥声或异：

忧于未形，恐于未炽。

知我者谓吉之先，

不知我者谓凶之类。

故告之则反灾于身，

不告之则稔祸于人。

主恩或忘，我怀靡臧。

虽死而告，为凶之防。

亦由桑妖于庭，惧而修德，俾王之兴；

雉怪于鼎，惧而修德，俾王之盛。

天听甚迩，人言曷病！

彼希声之凤皇，

亦见讥于楚狂。

彼不世之麒麟，

亦见伤于鲁人。

凤岂以讥而不灵？

麟岂以伤而不仁？

故割而可卷，孰为神兵？

焚而可变，孰为英琼？

宁鸣而死，不默而生！

胡不学太仓之鼠兮，

何必仁为，丰食而肥？

仓苟竭兮，吾将安归！

又不学荒城之狐兮，

何必义为，深穴而威？

城苟圮兮，吾将畴依！

……

我鸟也勤于母兮自天，

爱于主兮自天。

人有言兮是然，

人无言兮是然。

这是九百多年前一个中国政治家争取言论自由的宣言。

赋中"忧于未形，恐于未炽"两句，范公在十年后（1046年）在他最后被贬谪之后一年，作《岳阳楼记》，充分发挥成他最有名的一段文字：

嗟夫，予尝求古仁人之心……不以物喜，不以己悲，居庙堂之高则忧其民，处江湖之远则忧其君，是进亦忧，退亦忧。然则何时而乐耶？其必曰"先天下之忧而忧，后天下之乐而乐"。噫，微斯人，吾谁与归？

当前此三年（1043 年）他同韩琦、富弼同在政府的时期，宋仁宗有手诏，要他们"尽心为国家诸事建明，不得顾忌"。范仲淹有《答手诏条陈十事》，引论里说：

> 我国家革五代之乱，富有四海，垂八十年。纲纪制度，日削月侵，官壅于下，民困于外，夷狄骄盛，寇盗横炽，不可不更张以救之。

这是他在所谓"庆历盛世"的警告。那十事之中，有"精贡举"一事，他说：

> ……国家乃专以辞赋取进士，以墨义取诸科，士皆舍大方而趋小道。虽济济盈庭，求有才有识者，十无一二。况天下危困，乏人如此，将何以救？在乎教以经济之才，庶可以救其不逮。或谓救弊之术无乃后时？臣谓四海尚完，朝谋而夕行，庶乎可济。安得晏然不救，坐俟其乱哉？

这是在中原沦陷之前八十三年提出的警告。这就是范仲淹所说的"忧于未形，恐于未炽"，这就是他说的"先天下之忧而忧"。

从中国向来知识分子的最开明的传统看，言论的自由，谏诤的自由，是一种"自天"的责任，所以说，"宁鸣而死，不默而生"。

从国家与政府的立场看，言论的自由可以鼓励人人肯说"忧于未形，恐于未炽"的正论危言，来替代小人们天天歌功颂德、鼓吹升平的滥调。

容忍与自由

　　十七八年前，我最后一次会见我的母校康奈尔大学的史学大师布尔先生（George Lincoln Burr）。我们谈到英国文学大师阿克顿（Lord Acton）一生准备要著作一部《自由之史》，没有写成他就死了。布尔先生那天谈话很多，有一句话我至今没有忘记，他说："我年纪越大，越感觉到容忍（Tolerance）比自由更重要。"

　　布尔先生死了十多年了，他这句话我越想越觉得是一句不可磨灭的格言。我自己也有"年纪越大，越觉得容忍比自由还更重要"的感想，有时我竟觉得容忍是一切自由的根本：没有容忍，就没有自由。

　　我十七岁的时候（1908年）曾在《竞业旬报》上发表几条《无鬼丛话》，其中有一条是痛骂小说《西游记》和《封神榜》的，我说：

　　《王制》有之："假于鬼神时日卜筮以疑众，杀。"吾独怪夫数千年来之排治权者，之以济世明道自期者，乃懵然不之注意，惑世诬民之学说得以大行，遂举我神州民族投诸极黑暗之世界！

　　这是一个小孩子很不容忍的"卫道"态度。我在那时候已是一个无鬼论者、无神论者，所以发出那种摧除迷信的狂论，要实行《王制》(《礼记》的一篇) 的"假于鬼神时日卜筮以疑众，杀"的一条经典！

　　我在那时候当然没有梦想到说这话的小孩子在十五年后（1923 年）会很热心地给《西游记》做两万字的考证！我在那时候当然更没有想到那个小孩子在二三十年后还时时留心搜求可以考证《封神榜》的作者的材料！我在那时候也完全没有想想《王制》那句话的历史意义。那一段《王制》的全文是这样的：

　　　　析言破律，乱名改作，执左道以乱政，杀。作淫声异服奇技奇器以疑众，杀。行伪而坚，言伪而辩，学非而博，顺非而泽以疑众，杀。假于鬼神时日卜筮以疑众，杀。此四诛者，不以听。

　　我在五十年前，完全没有懂得这一段话的"诛"正是中国专制政体之下禁止新思想、新学术、新信仰、新艺术的经典的根据。我在那时候抱着"破除迷信"的热心，所以拥护那"四诛"之中的第四诛："假于鬼神时日卜筮以疑众，杀。"我当时完全没有想到第四诛的"假于鬼神……以疑众"和第一诛的"执左道以乱政"的两条罪名都可以用来摧残宗教信仰的自由，我当时也完全没有注意到郑玄注里用了公输般作"奇技异器"的例子，更没有注意到孔颖达《正义》里举了"孔子为鲁司寇七日而诛少正卯"的例子来解释"行伪而坚，言伪而辩，学非而博，顺非而泽以疑众，杀"。故第二诛可以用来禁绝艺术创作的自由，也可以用来"杀"许多发明"奇技异器"的科学家。故第三诛可以用来摧残思想的自由、言论的自由、著作出版的自由。

我在五十年前引用《王制》第四诛，要"杀"《西游记》《封神榜》的作者。那时候我当然没有梦想到十年之后我在北京大学教书时就有一些同样"卫道"的正人君子也想引用《王制》的第三诛，要"杀"我和我的朋友们。当年我要"杀"人，后来人要"杀"我，动机是一样的：都只因为动了一点正义的火气，就都失掉容忍的度量了。

我自己叙述五十年前主张"假于鬼神时日卜筮以疑众，杀"的故事，为的是要说明我年纪越大，越觉得"容忍"比"自由"还更重要。

我到今天还是一个无神论者，我不信有一个有意志的神，我也不信灵魂不朽的说法……

我自己总觉得，这个国家、这个社会、这个世界，绝大多数人是信神的，居然能有这雅量。能容忍我的无神论，能容忍我这个不信神也不信灵魂不灭的人，能容忍我在国内和国外自由发表我的无神论的思想，从没有人因此用石头掷我，把我关在监狱里，或把我捆在柴堆上用火烧死。我在这个世界里居然享受了四十多年的容忍与自由，我觉得这个国家、这个社会、这个世界对我的容忍度量是可爱的，是可以感激的。

所以我自己总觉得我应该用容忍的态度来报答社会对我的容忍，所以我自己不信神，但我能诚心地谅解一切信神的人，也能诚心地容忍并且敬重一切信仰有神的宗教。

我要用容忍的态度来报答社会对我的容忍，因为我年纪越大，我越觉得容忍的重要意义。若社会没有这点容忍的气度，我绝不能享受四十多年大胆怀疑的自由，公开主张无神论的自由了。

在宗教自由史上，在思想自由史上，在政治自由史上，我们都可以看见容忍的态度是最难得、最稀有的态度。人类的习惯总是喜同而恶异的，总不喜欢和自己不同的信仰、思想、行为，这就是不容忍的根源。不容忍只是不能容忍和我自己不同的新思想和新信仰，一个宗教团体总相信自己的宗教信仰是对的，是不会错的，所以它总相信那些和自己不同的宗教信仰必定是错的，必定是异端、邪教。一个政治团体总相信自己的政治主张是对的，是不会错的，所以它总相信那些和自己不同的政治见解必定是错的，必定是敌人。

一切对异端的迫害，一切对"异己"的摧残，一切宗教自由的禁止，一切思想言论的被压迫，都由于这一点深信自己是不会错的心理。因为深信自己是不会错的，所以不能容忍任何和自己不同的思想信仰了。

试看欧洲的宗教革新运动的历史。马丁·路德（Martin Luther）和约翰·高尔文（John Calvin）等人起来革新宗教，本来是因为他们不满意于罗马旧教的种种不容忍，种种不自由。但是新教在中欧、北欧胜利之后，新教的领袖们又都渐渐走上了不容忍的路上去，也不容许别人起来批评他们的新教条了。高尔文在日内瓦掌握了宗教大权，居然会把一个敢独立思想、敢批评高尔文的教条的学者塞维图斯（Servetus）定了"异端邪说"的罪名，把他用铁链锁在木桩上，堆起柴来，慢慢地烧死。这是 1553 年 10 月 23 日的事。

这个殉道者塞维图斯的惨史，最值得人们的追念和反省。宗教革新运动原来的目标是要争取"基督教的人的自由"和"良心的自由"，何以高尔文和他的信徒们居然会把一位有独立思想的新教徒用火慢慢烧死呢？何以高尔文的门徒（后来继任高尔文为日内瓦的宗教独裁者）柏时（de Beze）竟会宣言"良心的自由是魔鬼的教条"呢？

基本的原因还是那一点深信我自己是"不会错的"的心理。像高尔文那样虔诚的宗教改革家，他自己深信他的良心确是代表上帝的命令，他的口和他的笔确是代表上帝的意志，那么他的意见还会错吗？他还有错误的可能吗？在塞维图斯被烧死之后，高尔文曾受到不少人的批评。1554 年，高尔文发表一篇文字为他自己辩护，他毫不迟疑地说："严厉惩治邪说者的权威是无可疑的，因为这就是上帝自己说话。……这工作是为上帝的光荣战斗。"

上帝自己说话，还会错吗？为上帝的光荣作战，还会错吗？这一点"我不会错"的心理，就是一切不容忍的根苗。深信我自己的信念没有错误的可能（Infallible），我的意见就是"正义"，反对我的人当然都是"邪说"了。我的意见代表上帝的意旨，反对我的人的意见当然都是"魔鬼的教条"了。

这是宗教自由史给我们的教训：容忍是一切自由的根本；没有容忍"异己"的雅量，就不会承认"异己"的宗教信仰可以享自由。但因为不容忍的态度是基于"我的信念不会错"的心理习惯，所以容忍"异己"是最难得、最不容易养成的雅量。

在政治思想上，在社会问题的讨论上，我们同样地感觉到不容忍是常见的，而容忍总是很稀有的，我试举一个死了的老朋友的故事做例子。四十多年前，我们在《新青年》杂志上开始提倡白话文学的运动，我曾从美国寄信给陈独秀，我说：

> 此事之是非，非一朝一夕所能定，亦非一二人所能定，甚愿国中人士能平心静气与吾辈同力研究此问题。讨论既熟，是非自明。吾辈已张革命之旗，虽不容退缩，然亦绝不敢以吾辈所主张为必是而不容他人之匡正也。

独秀在《新青年》上答我道：

> 你鄙意容纳异议，自由讨论，固为学术发达之原则，独于改良中国文学当以白话为正宗之说，其是非甚明，必不容反对者有讨论之余地；必以吾辈所主张者为绝对之是，而不容他人之匡正也。

我当时看了就觉得这是很武断的态度。现在在四十多年之后，我还忘不了独秀这一句话，我还觉得这种"必以吾辈所主张者为绝对之是"的态度是很不容忍的态度，是最容易引起别人的恶感，是最容易引起反对的。

我曾说过，我应该用容忍的态度来报答社会对我的容忍。我现在常常想我们还得戒律自己：我们若想别人容忍谅解我们的见解，我们必须先养成能够容忍谅解别人的见解的度量，至少我们应该戒约自己绝不可"以吾辈所主张者为绝对之是"。我们受过实验主义的训练的人，本来就不承认有"绝对之是"，更不可以"以吾辈所主张者为绝对之是"。

略 谈 人 生 观

　　每个人可以说都有一个"人生观"，我是以先几十年的经验，提供几点意见，供大家思索参考。

　　很多人认为个人主义是洪水猛兽，是可怕的。但我所说的是个平平常常、健全而无害的。干干脆脆的一个个人主义的出发点，不是来自西洋，也不是完全中国的。中国思想上具有健全的个人主义思想，可以与西洋思想互相印证。王安石是个一生自己刻苦，而替国家谋安全之道，为人民谋福利的人，当为非个人主义者。但从他的诗文可以找出他个人主义的人生观，为己的人生观，因为他曾将古代极端为我的杨朱与提倡兼爱的墨子相比。在文章中说"为己是学者之本也，为人是学者之末也。学者之事必先为己为我，其为己有余，则天下事可以为人，不可不为人"。

　　这就是说，一个人在最初的时候应该为自己，在为自己有余的时候，就该为别人，而且不可不为别人。

19世纪的易卜生，他晚年曾给一位年轻的朋友写信说："最期望于你的只有一句话，希望你能做到真正的、纯粹的为我主义，要你有时觉得天下事只有自己最重要，别人不足想，你要想有益于社会最好的办法，就是把你自己这块材料铸成器。"

另外一部自由主义的名著《自由论》，有一章"个性"，也一再地讲人最可贵的是个人的个性，这些话，便是最健全的个人主义。一个人应该把自己培养成器，使自己有了足够的知识、能力与感情之后，才能再去为别人。

孔子的门人子路，有一天问孔子说："怎样才能做成一个君子？"孔子回答说："修己以敬。"这句话的意思，也就是要把自己慎重地培养、训练、教育好的意思，"敬"在古文解释为慎重。子路又说，这样够了吗？孔子回答说："修己以安人。"这句话的意思，就是先把自己培养、训练、教育好了，再为别人。子路又问，这样够了吗？孔子回答说："修己以安百姓，修己以安百姓，尧舜其犹病诸。"这句话的意思就是培养、训练、教育好了自己，再去为百姓，培养好了自己再去为百姓，就是圣人如尧舜，也很不易做到。孔子这一席话，也是以个人主义为起点的。自此可见，从19世纪到现在，从现在回到孔子时代，差不多都是以修身为本。修身就是把自己训练、培养、教育好，因此个人主义并不是可怕的，尤其是年轻人确立一个人生观，更是需要慎重地把自己这块材料培养、训练、教育成器。

我认为最值得与年轻人谈的便是知识的快乐。一个人怎样能使生活快乐？人生是为追求幸福与快乐的，《美国独立宣言》中曾提及三种东西，即生命、自由、追求幸福。但是人类追求的快乐范围很广，例如财富、婚姻、事业、工作等等。但是一个人的快乐，是有粗有细的，我在幼年的时候不用说，但自从有知以来，就认为，人生的快乐，就是知识的快乐，做研究的快乐，找真理的快乐，求证据的快乐。从求知识的欲望与方法中深深体会到人生是有限，知识是无穷的，以有限的人生，去深求无穷的知识，实在是非常快乐的。

两千年前有一位政治家问孔子门人子路说，你的老师是怎样的人，子路不答。后来孔子知道了，说："你为什么不告诉他，你的老师'其为人也，发愤忘食，乐以忘忧，不知老之将至'。"从孔子这句话，可以体会到知识的乐趣。希腊科学家阿基米德在澡堂洗澡时，想出了如何分析皇冠的金子成分的方法，高兴得赤身从澡堂里跳了出来，沿街跑去，口中喊着："我找到了，我找到了。"这就说明了知识的快乐，一旦发现证据或真理的快乐。英国两位大诗人勃朗宁和丁尼生有两首诗，都是代表19世纪冒险的、追求新的知识的精神。

最后谈谈社会的宗教说。一个人总是有一种制裁的力量的，相信上帝的人，上帝是他的制裁力量。我们古代讲孝，于是孝便成了宗教，成了制裁。现在台湾宗教很发达，有人信最高的神，有人信很多的神，许多人为了找安慰都走了宗教的道路。我说的社会宗教，乃是一种说法，中国古代有此种观念，就是三不朽：立德，是讲人格与道德；立功，就是建立功业；

立言，就是思想语言。在外国也有三个，就是 Worth、Work、Words。这三个不朽，没有上帝，亦没有灵魂，但却不十分民主。究竟一个人要立德、立功、立言到何种程度，我认为范围必须扩大，因为人的行为无论为善为恶都是不朽的。我国的古语"流芳百世，遗臭万年"，便是这个意思……因此，我们的行为，一言一行，均应向社会负责，这便是社会的宗教，社会的不朽……我们千万不能叫我们的行为在社会上发生坏的影响，因为即使我们死了，我们留下的坏的影响仍是永久存在的，"我们要一出言不敢忘社会的影响，一举步不敢忘社会的影响"。即使我们在社会上留一白点，但我们也绝对不能留一点污点，社会即是我们的上帝，我们的制裁者。

人 生 有 何 意 义

一、答某君书

　　……我细读来书，终觉得你不免作茧自缚。你自己去寻出一个本不成问题的问题："人生有何意义？"其实这个问题是容易解答的。人生的意义全是各人自己寻出来、造出来的：高尚、卑劣、清贵、污浊、有用、无用……全靠自己的作为。生命本身不过是一件生物学的事实，有什么意义可说？生一个人与一只猫、一只狗，有什么分别？人生的意义不在于何以有生，而在于自己怎样生活。你若情愿把这六尺之躯葬送在白昼做梦之上，那就是你这一生的意义。你若发愤振作起来，决心去寻求生命的意义，去创造自己的生命的意义，那么，你活一日便有一日的意义，做一事便添一事的意义，生命无穷，生命的意义也无穷了。

总之，生命本没有意义，你要能给它什么意义，它就有什么意义。与其终日冥想人生有何意义，不如试用此生做点有意义的事。

……

二、为人写扇子的话

知世如梦无所求，无所求心普空寂。

还似梦中随梦境，成就河沙梦功德。

王荆公小诗一首，真是有得于佛法的话。认得人生如梦，故无所求。但无所求不是无为，人生固然不过一梦，但一生只有这一场做梦的机会，岂可不努力做一个轰轰烈烈像个样子的梦？岂可糊糊涂涂懵懵懂懂混过这几十年吗？

赠予今年的大学毕业生

　　这一两个星期里，各地的大学毕业的班次，都有很多的毕业生离开学校去开始他们的成人事业。学生的生活是一种享有特殊优待的生活，不妨幼稚一点，不妨吵吵闹闹，社会都能纵容他们，不肯严格地要他们负行为的责任，现在他们要撑起自己的肩膀来挑他们自己的担子了。在这个国难最紧急的年头，他们的担子真不轻！我们祝他们成功，同时也不能不依据我们自己的经验，赠予他们几句送行的赠言——虽未必是救命毫毛，但也做个防身的锦囊罢！

　　你们毕业之后，可走的路不出这几条：极少数的人还可以在国内或国外的研究院继续做学术研究，少数的人可以寻着相当的职业，此外还有做官、办党、革命三条路，此外就是在家享福或者失业闲居了。第一条继续求学之路，我们可以不讨论。走其余几条路的人，都不能没有堕落的危险。堕落的方式很多，总括起来，约有这两大类。第一是容易抛弃学生时代的求知识的欲望。你们到了实际社会里，往往所用非所学，往往所学全无用处，往往可以完全用不着学问，而一样可以胡乱混饭吃，混官做。在这种环境里，即使向来抱有求学问决心的人，也不免心灰意懒，把求知的欲望渐渐冷淡下去。况且学问是要有相当的设备的：书籍，实验室，师友的切磋指导，闲暇的工夫，都不是一个平常要糊口养家的人所能容易办到的。没有做学问的环境，谁又能怪我们抛弃学问呢？

第二是容易抛弃学生时代理想的人生的追求。少年人初次与冷酷的社会接触，容易感觉理想与事实相去太远，容易发生悲观和失望。多年怀抱的人生理想，改造的热诚，奋斗的勇气，到此时候，好像全不是那么一回事，渺小的个人在那强烈的社会炉火里，往往经不起长时期的烤炼就熔化了，一点高尚的理想不久就幻灭了。抱着改造社会的梦想而来，往往是弃甲曳兵而走，或者做了恶势力的俘虏。你在那俘虏牢狱里，回想那少年气壮时代的种种理想主义，好像都成了自误误人的迷梦！从此以后，你就甘心放弃理想人生的追求，甘心做现成社会的顺民了。

要防御这两方面的堕落，一面要保持我们求知的欲望，一面要保持我们对于理想人生的追求。有什么好法子呢？依我个人的观察和经验，有三种防身的药方是值得一试的。

第一个方子只有一句话："总得时时寻一两个值得研究的问题！"问题是知识学问的老祖宗，古往今来一切知识的产生与积聚，都是因为要解答问题——要解答实用上的困难或理论上的疑难。所谓"为知识而求知识"，其实也只是一种好奇心追求某种问题的解答，不过因为那种问题的性质也不必是直接应用的，人们就觉得这是"无所为"的求知识了。我们出学校之后，离开了做学问的环境，如果没有一两个值得解答的疑难问题在脑子里盘旋，就很难继续保持追求学问的热心。可是，如果你有了一个真有趣的问题天天逗你去想它，天天引诱你去解决它，天天对你挑衅笑你无可奈何它——这时候，你就会同恋爱一个女子发了疯一样，坐也坐不下，睡也睡不安，没工夫也得偷出工夫去陪她，没钱也得搏衣节食去巴结她。没有书，你自会变卖家私去买书；没有仪器，你自会典押衣服去置办仪器；没有师友，你自会不远千里去寻师访友。你只要能时时有疑难问题来逼你用脑子，你自会保持发展你对学问的兴趣，即使在最贫乏的知识环境中，你也会慢慢地聚起一个小图书馆来，或者设置起一所小实验室来。所以我说：第一要寻问题。脑子里没有问题之日，就是你的知识生活寿终正寝之时！古人说："待文王而兴者，凡民也。若夫豪杰之士，虽无文王犹兴。"试想葛理略（Calileo）和牛顿（Newton）有多少藏书？有多少仪器？他们不过是有问题而已。有了问题而后，他们自会造出仪器来解答他们的问题。没有问题的人们，关在图书馆里也不会用书，锁在实验室里也不会有什么发现。

第二个方子也只有一句话："总得多发展一点非职业的兴趣。"离开学校之后，大家总得寻个吃饭的职业。可是你寻得的职业未必就是你所学的，或者未必是你所心喜的，或者是你所学而实在和你的性情不相近的。在这种状况之下，工作就往往成了苦工，就不感觉兴趣了。为糊口而做那种非"性之所近而力之所能勉"的工作，就很难保持求知的兴趣和生活的理想主义。最好的救济方法只有多多发展职业以外的正当兴趣与活动，一个人应该有他的职业，又应该有他的非职业的玩意儿，可以叫作业余活动。凡一个人用他的闲暇来做的事业，都是他的业余活动。往往他的业余活动比他的职业还更重要，因为一个人的前程往往全靠他怎样用他的闲暇时间。他用他的闲暇来打麻将，他就成个赌徒；你用你的闲暇来做社会服务，你也许成个社会改革者；或者你用你的闲暇去研究历史，你也许成个史学家，你的闲暇往往定你的终身。英国19世纪的两个哲人，弥儿（J. S. Mill）[1]终身做东印度公司的秘书，然而他的业余工作使他在哲学上、经济学上、政治思想史上都占一个很高的位置；斯宾塞（spencer）是一个测量工程师，然而他的业余工作使他成为前世纪晚期世界思想界的一个重镇。古来成大学问的人，几乎没有一个不是善用他的闲暇时间的。特别在这个组织不健全的中国社会，职业不容易适合我们性情，我们要想生活不苦痛或不堕落，只有多方发展业余的兴趣，使我们的精神有所寄托，使我们的剩余精力有所施展。有了这种心爱的玩意儿，你就做六个钟头的抹桌子工夫也不会感觉烦闷了，因为你知道，抹了六点钟的桌子之后，你可以回家去做你的化学

---

① 英国哲学家密尔，又译作穆勒。

研究，或画完你的大幅山水，或写你的小说戏曲，或继续你的历史考据，或做你的社会改革事业。你有了这种称心如意的活动，生活就不枯寂了，精神也就不会烦闷了。

第三个方子也只有一句话："你总得有一点信心。"我们生当这个不幸的时代，眼中所见，耳中所闻，无非是叫我们悲观失望的。特别是在这个年头毕业的你们，眼见自己的国家民族沉沦到这步田地，眼看世界只是强权的世界，望极天边好像看不见一线的光明——在这个年头不发狂自杀，已算是万幸了，怎么还能够希望保持一点内心的镇定和理想的信任呢？我要对你们说：这时候正是我们要培养我们的信心的时候！只要我们有信心，我们还有救。古人说："信心（Faith）可以移山。"又说："只要功夫深，生铁磨成绣花针。"你不信吗？当拿破仑的军队征服普鲁士占据柏林的时候，有一位穷教授叫作费希特（Fichte）的，天天在讲堂上劝他的国人要有信心，要信仰他们的民族是有世界的特殊使命的，是必定要复兴的。费希特死的时候（1814年），谁也不能预料德意志统一帝国何时可以实现。然而不满五十年，新的统一的德意志帝国居然实现了。

一个国家的强弱盛衰，都不是偶然的，都不能逃出因果的铁律的。我们今日所受的苦痛和耻辱，都只是过去种种恶因种下的恶果。我们要收将来的善果，必须努力种现在的新因。一粒一粒地种，必有满仓满屋的收，这是我们今日应该有的信心。

我们要深信：今日的失败，都由于过去的不努力。

我们要深信：今日的努力，必定有将来的大收成。

佛典里有一句话："福不唐捐。"唐捐就是白白地丢了。我们也应该说："功不唐捐！"没有一点努力是会白白地丢了的。在我们看不见想不到的时候，在我们看不见想不到的方向，你瞧！你下的种子早已生根发叶开花结果了！

你不信吗？法国被普鲁士打败之后，割了两省地，赔了五十万万佛郎的赔款。这时候有一位刻苦的科学家巴斯德（Pasteur）终日埋头在他的化学实验室里做他的化学实验和微菌学研究。他是一个最爱国的人，然而他深信只有科学可以救国。他用一生的精力证明了三个科学问题：（1）每一种发酵作用都是由于一种微菌的发展；（2）每一种传染病都是由于一种微菌的发展；（3）传染病的微菌，在特殊的培养之下，可以减轻毒力，使它们从病菌变成防病的药苗。这三个问题在表面上似乎都和救国大事业没有多大关系，然而从第一个问题的证明，巴斯德定出做醋酿酒的新法，使全国的酒醋业每年减除极大的损失。从第二个问题的证明，巴斯德教全国的蚕丝业怎样选种防病，教全国的畜牧农家怎样防止牛羊瘟疫，又教全世界怎样注重消毒以灭除外科手术的死亡率。从第三个问题的证明，巴斯德发明了牲畜的脾热瘟的疗治药苗，每年替法国农家减除了二千万佛郎的大损失；又发明了疯狗咬毒的治疗法，救济了无数的生命。所以英国的科学家赫胥黎（Huxley）在皇家学会里称颂巴斯德的功绩道："法国给了德国五十万万佛郎的赔款，巴斯德先生一个人研究科学的成就足够还清这一笔赔款了。"

巴斯德对于科学有绝大的信心，所以他在国家蒙奇辱大难的时候，终不肯抛弃他的显微镜与实验室。他绝不想他的显微镜底下能偿还五十万万佛郎的赔款，然而在他看不见想不到的时候，他已收获了科学救国的奇迹了。

朋友们，在你最悲观最失望的时候，那正是你必须鼓起坚强信心的时候。你要深信：天下没有白费的努力。成功不必在我，而功力必不唐捐。

科学的人生观 *

今天讲的题目，就是"科学的人生观"。研究人是什么东西？在宇宙中占据什么地位？人生究竟有何意味？因为少年人近来觉得很烦闷，自杀、颓废的都有，我比较至少多吃了几斤盐、几担米，所以来计划计划，研究自身人的问题。至于人生观，各人不同，都随环境而改变，不可以一个人的人生观去统理一切；因为公有公理，婆有婆理，我们至少要以科学的立场，去研究它，解决它。"科学的人生观"有两个意思：第一拿科学做人生观的基础，第二拿科学的态度、精神、方法，做我们生活的态度、生活的方法。

现在先讲第一点，就是人生是什么？人生是啥物事？拿科学的研究结果来讲，我在民国十二年（1923年）发表了十条，这十条就是武昌有一个主教，称为新的十诫，说我是中华基督

---

* 本文为1928年5月在苏州青年会上的演讲词。

教的危险物的。十条内容如下：

一、要知道空间的大

拿天文、物理考察，得着宇宙之大；从前孙行者翻筋斗，一翻翻到南天门，一翻翻到下界，天的观念，何等的小？现在从地球到银河中间最近的一个星，中间距离，照孙行者一秒钟翻十万八千里的速率计算，恐怕翻一万万年也翻不到，宇宙是何等的大？地球是宇宙间的沧海之一粟，九牛之一毛；我们人类，更是小，真是不成东西的东西！以前看得人的地位太重了，以为是万物之灵，同大地并行，凡是政治不良，就有彗星、地震的征象，这是错的。从前王充很能见得到，说："一个虱子不能改变那裤子里的空气，和那人类不能改变皇天一样。"所以我们眼光要大。

二、时间是无穷的长

从地质学、生物学的研究，晓得时间是无穷的长，以前开口五千年，闭口五千年，以为目空一切；不料世界太阳系的存在，有几万万年的历史，地球也有几万万年，生物至少有几千万年，人类也有二三百万年，所以五千年占很小的地位。明白了时间之长，就可以看见各种进步的演变，不是上帝一刻可以造成的。

三、宇宙间自然的行动

根据一切科学，知道宇宙、万物都有一定不变的自然行动。"自然自己，也是如此"，就是自己自然如此，各物自己如此地行动，并没有一种背后的指示，或是一个主宰去规范它们。明白了这点，对于月食是月亮被天狗所吞的种种迷信，可以打破了。

四、物竞天择的原理

从生物学的知识，可以看到物竞天择的原理。鲫鱼下卵有几百万个，但是变鱼的只有几个，否则就要变成"鱼世界"了！大的吃小的，小的又吃更小的，人类都是如此。从此晓得人生不受安排，是自己如此的行动，否则要安排起来，为什么不安排一个完善的世界呢？

五、人是什么东西

从社会学、生理学、心理学方面去看，人是什么东西？吴稚晖先生说："人是两手一个大脑的动物，与其他的不同在程度上的区别罢了。"人类的手，与鸡、鸭的掌差不多，实是它们的弟兄辈。

六、人类是演进的

根据人种学来看，人类是演进的；因为要应付环境，所以要慢慢地变；不变不能生存，要灭亡了。所以从下等的动物，慢慢演进到高等的动物，现在还是演进。

七、心理受因果律的支配

根据心理学、生物学来讲，心理现状是有因果律的。思想、做梦，都受因果律的支配，是心理、生理的现象，和头疼一般；所以人的心理说是超过一切，是不对的。

八、道德、礼教的变迁

照生理学、社会学来讲，人类道德、礼教也变迁的。以前以为脚小是美观，但是现在脚小要装大了。所以道德、礼教的观念，正在改进。以二十年、二百年或二千年以前的标准，来判断二十年、二百年、二千年后的状况，是格格不相入的。

九、各物都有反应

照物理、化学来讲，物质是活的，原子分为电子，是动的。石头倘然加了化学品，就有反应，像人打了一记，就有反应一样。不同的，只在程度不同罢了。

十、人的不朽

根据一切科学知识，人是要死的，物质上的腐败，和猫死狗死一般。但是个人不朽的工作，是功德：在立德、立功、立言，善恶都是不朽。一块痰中，有微生物，这菌能散布到空间，使空气都恶化了；人的言语，也是一样。凡是功业、思想，都能传之无穷；匹夫匹妇，都有其不朽的存在。

我们要看破人世间、时间之伟大、历史的无穷，人是最小的动物，处处都在演进，要去掉那小我的主张，但是那小小的人类，居然现在对于制度、政治各种都有进步。

以前都是拿科学去答复一切，现在要用什么方法去解决人生，就是哪样生活？各人有各人的方法，但是，至少要有那科学的方法、精神、态度去做。分四点来讲：

（一）怀疑。第一点是怀疑。三个弗相信的态度，人生问题就很多。有了怀疑的态度，就不会上当。以前我们幼时的知识，都从阿金、阿狗、阿毛等黄包车夫、娘姨处学来，但是现在自己要反省，问问以前的知识是否靠得住？有此态度，对于什么马克思、牛克思等主义都不致盲从了。

（二）事实。我们要实事求是，现在像贴贴标语，什么打倒田中义一等，都仅务虚名，像豆腐店里生意不好，看看"对我生财"泄闷一样。又像是以前的画符，一画符病就好的思想。贴了打倒帝国主义，帝国主义就真个打倒了吗？这不对，我们应做切实的工作，奋力地做去。

（三）证据。怀疑以后，相信总要相信，但是相信的条件，就是拿凭据来。有了这一句，伦理学诸书，都可以不读。赫胥黎的儿子死了以后，宗教家去劝他信教，但是他很坚决地说："拿有上帝的证据来！"有了这种态度，就不会上当。

（四）真理。朝夕地去求真理，不一定要成功，因为真理无穷，宇宙无穷；我们去寻求，是尽一点责任，希望在总分上，加上万万分之一。胜固是可喜，败也不足忧。明知赛跑，只有一个人第一，我们还要跑去，不是为我为私，是为大家。发明不是为发财，是为人类。英国有一个医生，发明了一种治肺的药，但是因为自秘，就被医学会开除了。

所以科学家是为求真理。庄子虽有"吾生也有涯，而知也无涯，以有涯逐无涯，殆已"的话头，但是我们还要向上做去，得一分就是一分，一寸就是一寸，可以有阿基米德氏发现浮力时叫 Eureka① 的快活，有了这种精神，做人就不会失望。所以人生的意味，全靠你自己的工作；你要它圆就圆、方就方，是有意味；因为真理无穷，趣味无穷，进步快活也无穷尽。

―――――――――

① （因找到某物、解决了某问题而高兴）我发现了，我找到了。

大宇宙中谈博爱

"博爱"就是爱一切人，这题目范围很大。在未讨论以前，让我们先看一个问题："我们的世界有多大？"

我的答复是"很大"！我从前念《千字文》的时候，一开头便已念到这样的词句："天地玄黄，宇宙洪荒。"宇宙是中国的字，和英文 Universe、World 的意思差不多，都是抽象名词。宇是空间（Space）即东南西北，宙是时间（Time）即古今旦暮《淮南子》说宇是上下四方，宙是古往今来。宇宙就是天地，宙宇就是 Time-Space。古人能得"Universe"的观念实在不易，相当于今日的科学。但古人所见的空间很小，时间很短，现在的观念已扩大了许多。考古学探讨千万年的事，地质学、古生物学、天文学等等不断地发现，更将时间空间的观念扩大。

现在的看法：空间是无穷的大，时间是无穷的长。

古人只见到八大行星，二十年前只见九大行星。现在所谓的银河，是古代所未能想象得到的。以前觉得太阳很远，现在说起来算不得什么，因为比太阳远千万倍的东西多得很。

科学就这样地答复了"宇宙究竟有多大"这个问题。

现在谈第二点：博爱。

在这个大世界里谈博爱，真是个大问题。广义的爱，是世界各大宗教的最终目的。墨子可谓中国历史上最了不起的人，可说是宗教创立者（Founder of Religion），他提出"兼爱"为他的理论中心。兼爱就是博爱，是无等差的爱。墨子理论和基督教教义有很多相合的地方，如"爱人如己""爱我们的仇敌"等。

佛教哲学本谓一切无常，我亦无常，"我"是"四大"（土、水、火、风）偶然结合而成的，是十分简单的东西，因此无所谓爱与恨——根本不值得爱，也不值得恨。但早期佛教亦有爱的意念在：我既无常，可牺牲以为人。

和尚爱众生，但是佛教不准自食其力，所以有人称之为"叫花"（乞丐）宗教。自己的饭亦须取之于人，何能博爱？

古时很多人为了"爱"，每次蹲坑（大便）的时候便想想，大想一番，想到爱人。有些人则以身喂蚊，或以刀割肉，以自身所受的痛苦来显示他们对人的爱。这种爱的方法，只能做到牺牲自己，在现代的眼光看来，是可笑的。这种博爱给人的帮助十分有限，与现代的科学——工程、医学……所能给我们的"博爱"比起来，力量实在小得可怜。今日的科学增进了人类互助博爱的能力。就说最近意大利邮船 Andrea Doria 号遇难的事吧，短短的数小时内就救起千多人。近代交通、医学等的发达，减少了人类无数的痛苦。

我们要谈博爱，一定要换一观念。古时那种喂蚊割肉的博爱，等于开空头支票，毫无价值。现在的科学才能放大我们的眼光，促进我们的同情心，增加我们助人的能力。我们需要一种以科学为基础的博爱———一种实际的博爱。

孔子说："修己以敬，修己以安人，修己以安百姓。"修己就是把自己弄好。

我们应当先把自己弄好，然后帮助别人，独善其身然后能兼善天下。同学们，现在我们读书的时候，不要空谈高唱博爱，但应先努力学习，充实自己，到我们有充分能力的时候才谈博爱，仍不算迟。

哲 学 与 人 生 [*]

前次承贵会邀我演讲关于佛学的问题，我因为对于佛学没有充分的研究，拿浅薄的学识来演讲这一类的问题，未免不配；所以现在讲"哲学与人生"，希望对于佛学也许可以贡献点参考。不过我所讲的有许多地方和佛家意见不合，佛学会的诸君态度很公开，大约能够容纳我的意见的！讲的"哲学与人生"，我们必先研究它的定义：什么叫哲学？什么叫人生？然后才知道它们的关系。

我们先说人生。这六月来，国内思想界，不是有玄学与科学的笔战吗？国内思想界的老将吴稚晖先生，就在《太平洋杂志》上发表一篇《一个新信仰的宇宙观及人生观》，其中下了一个人生定义。他说："人是哺乳动物中的有二手二足用脑的动物。"人生即是这种动物所演的戏剧，这种动物在演时，就

---

* 本文为1923年11月在上海商科大学佛学研究会上的演讲词。

159

有人生，停演时就没人生。所谓人生观，就是演时对于所演之态度，譬如：有的喜唱花脸，有的喜唱老生，有的喜唱小生，有的喜摇旗呐喊；凡此种种两脚两手在演戏的态度，就是人生观。不过单是登台演剧，红进绿出，有何意义？想到这层，就发生哲学问题。哲学的定义，我们常在各种哲学书籍上见到。不过我们尚有再找一个定义的必要。我在《中国哲学史大纲》上卷上所下的哲学的定义说："哲学是研究人生切要的问题，从根本上着想，去找根本的解决。"但是根本两字意义欠明，现在略加修改，重新下了一个定义说："哲学是研究人生切要的问题，从意义上着想，去找一个比较可普遍适用的意义。"现在举两个例来说明它：要晓得哲学的起点是由于人生切要的问题，哲学的结果，是对于人生的适用。人生离了哲学，是无意义的人生；哲学离了人生，是想入非非的哲学。现在哲学家多凭空臆说，离得人生问题太远，真是上穷碧落，愈闹愈糟！

现在且说第一个例：二千五百年前在喜马拉雅山南部有一个小国迦叶里，街上倒卧着一个病势垂危的老丐，当时有一个王太子经过，在别人看到，将这老丐赶开，或是毫不经意地走过去了，但那王太子是赋有哲学的天才的人，他就想人为什么逃不出老、病、死这三个大关头，因此他就弃了他的太子爵位、妻孥、便嬖、皇宫、财货，遁迹入山，去静想人生的意义。后来忽然在树下想到一个解决，就是将人生一切问题拿主观去看，假定一切多是空的，那么，老、病、死就不成问题了。这种哲学的合理与否，姑不具论，但是那太子的确是研究人生切要的问题，从意义上着想去找他以为比较普遍适用的意义。

我们再举一个例：譬如我们睡到夜半醒来，听见贼来偷东西，我那就将他捉住，送县究办。假如我们没有哲性，就这么了事，再想不到"人为什么要做贼"等等的问题；或者那贼竟苦苦哀求起来，说他所以做贼的缘故，因为母老，妻病，子女待哺，无处谋生，迫于不得已而为之，假如没哲性的人，对于这种吁求，也不见有甚良心上的反应。至于富于哲性的人就要问了，为什么不得已而为之？天下不得已而为之的事有多少，为什么社会没得给他做工？为什么子女这样多？为什么老病死？这种偷窃的行为，是由于社会的驱策，还是由于个人的堕落？为什么不给穷人偷？为什么他没有我有？他没有我有是否应该？拿这种问题，逐一推思下去，就成为哲学。由此看来，哲学是由小事放大，从意义着想而得来的，并非空说高谈能够了解的。推论到宗教哲学、政治哲学、社会哲学等，也无非多从活的人生问题推衍阐明出来的。

我们既晓得什么叫人生，什么叫哲学，而且略会看到两者的关系，现在再去看意义在人生上占的什么地位。现在一般的人饱食终日，无所用心，思想差不多是社会的奢侈品。他们看人生种种事实，和乡下人到城里未看见五光十色的电灯一样。只看到事实的表面，而不了解事实的意义。因为不能了解意义的缘故，所以连事实也不能了解了。这样说来，人生对于意义，极有需要，不知道意义，人生是不能了解的。宋朝朱子这班人，终日对物格物。终于找不到着落，就是不从意义上着想的缘故。又如平常人看见病人种种病象，他单看见那些事实而不知道那些事实的意义，所以莫名其妙。至于这些病象一到医生眼里，就能对症下药，因为医生不单看病象，还要晓得病象的意义的缘故。因此，了解人生不单靠事实，还要知道意义！

那么，意义又从何来呢？有人说，意义有两种来源：一种是从积累得来，是愚人取得意义的方法；一种是由直觉得来，是大智取得意义的方法。积累的方法，是走笨路，用直觉的方法是走捷径。据我看来，欲求意义唯一的方法，只有走笨路。就是日积月累地去做刻苦的功夫，直觉不过是熟能生巧的结果，所以直觉是积累最后的境界，而不是豁然贯通的。大发明家爱迪生有一次演说，他说，天才百分之九十九是汗，百分之一是神，可见得天才是下了番苦功才能得来，不出汗绝不会出神的。所以有人应付环境觉得难，有人觉得易，就是日积月累的意义多寡而已。哲学家并不是什么，只是对于人生所得的意义多点罢了。

欲得人生的意义，自然要研究哲学史，去参考已往的死的哲理。不过还有比较更重要的，是注意现在的活的人生问题，这就是做人应有的态度。现在我举两个可模范的大哲学家来做我的结论，这两个哲学家一个是古代的苏格拉底，一个是现代的笛卡尔。

苏格拉底是希腊的穷人，他觉得人生醉生梦死，毫无意义，因此到公共市场，见人就盘问，想借此得到人生的解决。有一次，他碰到一个人去打官司，他就问他，为什么要打官司？那人答道，为公理。他复问道，什么叫公理？那人便瞠目结舌不能作答。苏氏笑道：我知道我不知，却不知道你不知呵！后来又有一个人告他的父亲不信国教，他又去盘问，那人又被问住了。因此希腊人多恨他，告他两大罪，说他不信国教，带坏少年，政府就判他的死刑。他走出来的时候，对告他的人说："未经考察过的生活，是不值得活的。你们走你们的路，我走我的路罢！"后来他就从容就刑，为找寻人生的意义而牺牲他的生命！

笛卡尔旅行的结果，觉到在此国以为神圣的事，在他国却视为下贱；在此国以为大逆不道的事，在别国却奉为天经地义，因此他觉悟到贵贱善恶是因时因地而不同的。他以为从前积下来的许多观念知识是不可靠的，因为它们多是趁他思想幼稚的时候侵入来的。如若欲过理性生活，必得将从前积得的知识，一件一件用怀疑的态度去评估它们的价值，重新建设一个理性的是非。这怀疑的态度，就是他对于人生与哲学的贡献。

现在诸君研究佛学，也应当用怀疑的态度去找出它的意义，是否真正比较得普遍适用？

诸君不要怕，真有价值的东西，绝不为怀疑所毁；而能被怀疑所毁的东西，绝不会真有价值。我希望诸君实行笛卡尔的怀疑态度，牢记苏格拉底所说的"未经考察过的生活，是不值得活的"这句话。那么，诸君对于阐明哲学，了解人生，不觉其难了。

新 生 活

哪样的生活可以叫作新生活呢？

我想来想去，只有一句话：新生活就是有意思的生活。

你听了，必定要问我，有意思的生活又是什么样子的生活呢？

我且先说一两件实在的事情做个样子，你就明白我的意思了。

前天你没有事做，闲得不耐烦了，你跑到街上一个小酒店里，打了四两白干，喝完了，又要四两，再添上四两。喝得大醉了，同张大哥吵了一回嘴，几乎打起架来。后来李四哥来把你拉开，你气愤地又要了四两白干，喝得人事不知，幸亏李四哥把你扶回去睡了。昨儿早上，你酒醒了，大嫂子把前天的事告诉你，你懊悔得很，自己埋怨自己："昨儿为什么要喝那么多酒呢？可不是糊涂吗？"

你赶紧上张大哥家去，作了许多揖，赔了许多不是，自己怪自己糊涂，请张大哥大量包涵。正说时，李四哥也来了，王三哥也来了。他们三缺一，要你陪他们打牌。你坐下来，打了十二圈牌，输了一百多吊钱。你回得家来，大嫂子怪你不该赌博，你又懊悔得很，自己怪自己道："是呵，我为什么要陪他们打牌呢？可不是糊涂吗？"

诸位，像这样子的生活，叫作糊涂生活，糊涂生活便是没有意思的生活。你做完了这种生活，回头一想，"我为什么要这样干呢？"你自己也回不出究竟为什么。

诸位，凡是自己说不出"为什么这样做"的事，都是没有意思的生活。

反过来说，凡是自己说得出"为什么这样做"的事，都可以说是有意思的生活。

生活的"为什么"，就是生活的意思。

人同畜生的分别，就在这个"为什么"上。你到万牲园里去看那白熊一天到晚摆来摆去不肯歇，那就是没有意思的生活。我们做了人，应该不要学那些畜生的生活。畜生的生活只是糊涂，只是胡混，只是不晓得自己为什么如此做。一个人做的事应该件件事回得出一个"为什么"。

我为什么要干这个？为什么不干那个？回答得出，方才可算是一个人的生活。

我们希望中国人都能做这种有意思的新生活。其实这种新生活并不十分难，只消时时刻刻问自己为什么这样做，为什么不那样做，就可以渐渐地做到我们所说的新生活了。

　　诸位，千万不要说"为什么"这三个字是很容易的小事。你打今天起，每做一件事，便问一个为什么——为什么不把辫子剪了？为什么不把大姑娘的小脚放了？为什么大嫂子脸上搽那么多的脂粉？为什么出棺材要用那么多叫花子？为什么娶媳妇也要用那么多叫花子？为什么骂人要骂他的爹妈？为什么这个？为什么那个？——你试办一两天，你就会觉得这三个字的趣味真是无穷无尽，这三个字的功用也无穷无尽。

　　诸位，我们恭恭敬敬地请你们来试试这种新生活。

差不多先生传

你知道中国最有名的人是谁?

提起此人,人人皆晓,处处闻名。他姓差,名不多,是各省各县各村人氏。你一定见过他,一定听过别人谈起他。差不多先生的名字天天挂在大家的口头,因为他是中国全国人的代表。

差不多先生的相貌和你和我都差不多,他有一双眼睛,但看得不很清楚;有两只耳朵,但听得不很分明;有鼻子和嘴,但他对于气味和口味都不很讲究。他的脑子也不小,但他的记性却不很精明,他的思想也不很细密。

他常常说:"凡事只要差不多,就好了,何必太精明呢?"

他小的时候,他妈叫他去买红糖,他买了白糖回来。他妈骂他,他摇摇头说:"红糖白糖不是差不多吗?"

他在学堂的时候,先生问他:"直隶省的西边是哪一省?"

他说是陕西。先生说:"错了。是山西,不是陕西。"他说："陕西同山西，不是差不多吗？"

后来他在一个钱铺里做伙计。他也会写，也会算，只是总不会精细。十字常常写成千字，千字常常写成十字。掌柜的生气了，常常骂他。他只是笑嘻嘻地赔小心道："千字比十字只多一小撇，不是差不多吗？"

有一天，他为了一件要紧的事，要搭火车到上海去。他从从容容地走到火车站，迟了两分钟，火车已开走了。他白瞪着眼，望着远远的火车上的煤烟，摇摇头道："只好明天再走了，今天走同明天走，也还差不多。可是火车公司未免太认真了，八点三十分开，同八点三十二分开，不是差不多吗？"

他一面说，一面慢慢地走回家，心里总不明白为什么火车不肯等他两分钟。

有一天，他忽然得了急病，赶快叫家人去请东街的汪医生。那家人急急忙忙地跑去，一时寻不着东街的汪大夫，却把西街牛医王大夫请来了。差不多先生病在床上，知道寻错了人，但病急了，身上痛苦，心里焦急，等不得了，心里想道："好在王大夫同汪大夫也差不多，让他试试看罢。"于是这位牛医王大夫走近床前，用医牛的法子给差不多先生治病。不上一点钟，差不多先生就一命呜呼了。

差不多先生差不多要死的时候，一口气断断续续地说道："活人同死人也差……差……差不多，……凡事只要……差差……不多……就……好了，……何……何……必……太……太认真呢？"他说完了这句格言，方才绝气了。

　　他死后，大家都很称赞差不多先生样样事情看得破，想得通；大家都说他一生不肯认真，不肯算账，不肯计较，真是一位有德行的人。于是大家给他取个死后的法号，叫他做圆通大师。

　　他的名誉越传越远，越久越大。无数无数的人都学他的榜样，于是人人都成了一个差不多先生。——然而中国从此就成为一个懒人国了。

少年中国之精神

前番太炎先生，话里面说现在青年的四种弱点，都是很应使我们反省的。他的意思是要我们少年人：一、不要把事情看得太容易了；二、不要妄想凭借已成的势力；三、不要虚慕文明；四、不要好高骛远。这四条都是消极的忠告。我现在且从积极一方面提出几个观念，和各位同志商酌。

一、少年中国的逻辑

逻辑即是思想、辩论、办事的方法。一般中国人现在最缺乏的就是一种正当的方法，因为方法缺乏，所以有下列的几种现象：（一）灵异鬼怪的迷信，如上海的盛德坛及各地的各种迷信；（二）谩骂无理的议论；（三）用诗云子曰做根据的议论；（四）把西洋古人当作无上真理的议论；还有一种平常人不很注意的怪状，我且称它为"目的热"，就是迷信一些空虚的大话，认为高尚的目的，全不问这种观念的意义究竟如何。今天有人说"我主张统一和平"，大家齐声喝彩，就请他做内阁总理；明天又有人说"我主张和平统一"，大家又齐声叫好，就举他做大总统；此外还有什么"爱国"哪，"护法"哪，"孔教"哪，"卫道"哪……许多空虚的名词；意义不曾确定，也都有许多人随声附和，认为天经地义。这便是我所说的"目的热"。以上所说各种现象都是缺乏方法的表示，我们既然自认为"少年中国"，不可不有一种新方法；这种新方法，应该是科学的方法；科学方法，不是我在这短促时间里所能详细讨论的，我且略说科学方法的要点：

第一注重事实。科学方法是用事实做起点的，不要问孔子怎么说，柏拉图怎么说，康德怎么说，我们须要先从研究事实下手，凡游历调查统计等事都属于此项。

第二注重假设。单研究事实，算不得科学方法；王阳明对着庭前的竹子做了七天的"格物"功夫，格不出什么道理来，反病倒了，这是笨伯的"格物"方法；科学家最重"假设"（Hypothesis），观察事物之后，自然有几个假定的意思；我们应该把每一个假设所含的意义彻底想出，看那意义是否可以解释所观察的事实，是否可以解决所遇的疑难。所以要博学，正是因为博学方才可以有许多假设，学问只是供给我们种种假设的来源。

第三注重证实。许多假设之中，我们挑出一个，认为最合用的假设；但是这个假设是否真正合用？必须实地证明。有时候，证实是很容易的；有时候，必须用"试验"方才可以证实。证实了的假设，方可说是"真"的，方才可用；一切古人今人的主张、东哲西哲的学说，若不曾经过这一层证实的功夫，只可作为待证的假设，不配认作真理。

少年的中国，中国的少年，不可不时时刻刻保存这种科学的方法，实验的态度。

二、少年中国的人生观

现在中国有几种人生观都是"少年中国"的仇敌：第一种是醉生梦死的无意识生活，固然不消说了。第二种是退缩的人生观，如静坐会的人，如坐禅学佛的人，都只是消极的缩头主义；这些人没有生活的胆子，不敢冒险，只求平安，所以变成一班退缩懦夫。第三种是野心的投机主义，这种人虽不退缩，但为完全自己的私利起见，所以他们不惜利用他人，做他们自己的器具，不惜牺牲别人的人格和自己的人格，来满足自己的野心；到了紧要关头，不惜作伪，不惜作恶，不顾社会的公共幸福，以求达他们自己的目的。这三种人生观都是我们该反对的。少年中国的人生观，依我个人看来，该有下列的几种要素：

第一须有批评的精神。一切习惯、风俗、制度的改良，都起于一点批评的眼光；个人的行为和社会的习俗，都最容易陷入机械的习惯，到了"机械的习惯"的时代，样样事都不知不觉地做去，全不理会何以要这样做，只晓得人家都这样做故我也这样做；这样的个人便成了无意识的两脚机器，这样的社会便成了无生气的守旧社会。我们如果发愿要造成少年的中国，第一步便须有一种批评的精神；批评的精神不是别的，就是随时随地都要问我为什么要这样做？为什么不那样做？

第二须有冒险进取的精神。我们需要认定这个世界是很多危险的，是不太平的，是需要冒险的；世界的缺点很多，是要我们来补救的；世界的痛苦很多，是要我们来减少的；世界的危险很多，是要我们来冒险进取的，俗话说得好："成人不自在，自在不成人。"我们要做一个人，岂可贪图自在；我们要想造一个"少年的中国"，岂可不冒险；这个世界是给我们活动的大舞台，我们既上了台，便应该老着面皮，拼着头皮，大着胆子，干将起来；那些缩进后台去静坐的人都是懦夫，那些袖着双手只会看戏的人，也都是懦夫；这个世界岂是给我们静坐旁观的吗？那些厌恶这个世界梦想超生别的世界的人，更是懦夫，不用说了。

第三须要有社会协进的观念。上条所说的冒险进取，并不是野心的、自私自利的；我们既认定这个世界是给我们活动的，又须认定人类的生活全是社会的生活，社会是有机的组织，全体影响个人，个人影响全体，社会的活动是互助的，你靠他帮忙，他靠你帮忙，我又靠你同他帮忙，你同他又靠我帮忙；你少说了一句话，我或者不是我现在的样子，我多尽了一分力，你或者也不是你现在这个样子，我和你多尽了一分力，或少做了一点事，社会的全体也许不是现在这个样子，这便是社会协进的观念。有这个观念，我们自然把人人都看作通力合作的伴侣，自然会尊重人人的人格了；有这个观念，我们自然觉得我们的一举一动都和社会有关，自然不肯为社会造恶因，自然要努力为社会种善果，自然不致变成自私自利的野心投机家了。

少年的中国，中国的少年，不可不时时刻刻保存这种批评的、冒险进取的、社会的人生观。

三、少年中国的精神

少年中国的精神并不是别的，就是上文所说的逻辑和人生观。我且说一件故事做我这番谈话的结论：诸君读过英国史的，一定知道英国前世纪有一种宗教革新的运动，历史上称为"牛津运动"（The Oxford Movement），这种运动的几个领袖如客白尔（Keble）、纽曼（Newman）、福鲁德（Froude）诸人，痛恨英国国教的腐败，想大大地改革一番；这个运动未起事之先，这几位领袖作了一些宗教性的诗歌写在一个册子上，纽曼摘了一句荷马的诗题在册子上，那句诗是：You shall see the difference now that we are back again！翻译出来即是："如今我们回来了，你们看便不同了！"

少年的中国，中国的少年，我们也该时时刻刻记着这句话：

"如今我们回来了，你们看便不同了！"

这便是少年中国的精神。

信 心 与 反 省

　　这一期（《独立》一〇三期）里有寿生先生的一篇文章，题为《我们要有信心》，在这文里，他提出一个大问题：中华民族真不行吗？他自己的答案是：我们是还有生存权的。

　　我很高兴我们的青年在这种恶劣空气里还能保持他们对于国家民族前途的绝大信心，这种信心是一个民族生存的基础，我们当然是完全同情的。

　　可是我们要补充一点：这种信心本身要建筑在稳固的基础之上，不可站在散沙之上。如果信仰的根据不稳固，一朝根基动摇了，信仰也就完了。

　　寿生先生不赞成那些旧人"拿什么五千年的古国哟，精神文明哟，地大物博哟，来遮丑"，这是不错的。然而他自己提出的民族信心的根据，依我看来，文字上虽然和他们不同，实质上还是和他们同样地站在散沙之上，同样地挡不住风吹雨打。例如他说：

> 我们今日之改进不如日本之速者，就是因为我们的固有文化太丰富了。富于创造性的人，个性必强，接受性就较缓。

这种思想在实质上和那五千年古国精神文明的迷梦是同样的无稽的夸大。第一，他的原则"富于创造性的人，个性必强，接受性就较缓"，这个大前提就是完全无稽之谈，就是懒惰的中国士大夫捏造出来替自己遮丑的胡说。事实上恰是相反的：凡富于创造性的人必敏于模仿，凡不善模仿的人绝不能创造。创造是一个最误人的名词，其实创造只是模仿到十足时的一点点新花样。古人说得最好："太阳之下，没有新的东西。"一切所谓创造都从模仿出来，我们不要被新名词骗了。新名词的模仿就是旧名词的"学"字，"学之为言效也"是一句不磨的老话。例如学琴，必须先模仿琴师弹琴，学画必须先模仿画师作画，就是画自然界的景物，也是模仿。模仿熟了，就是学会了，工具用得熟了，方法练得细密了，有天才的人自然会"熟能生巧"，这一点功夫到时的奇巧新花样就叫作创造。凡不肯模仿，就是不肯学人的长处。不肯学如何能创造？伽利略（Galieo）听说荷兰有个磨镜匠人做成了一座望远镜。他就依他听说的造法，自己制造了一座望远镜，这就是模仿，也就是创造。从17世纪初年到如今，望远镜和显微镜都年年有进步，可是这三百年的进步，步步是模仿，也步步是创造。一切进步都是如此：没有一件创造不是先从模仿下手的。孔子说得好：

三人行，必有我师焉；择其善者而从之，其不善者而改之。

这就是一个圣人的模仿。懒人不肯模仿，所以绝不会创造。一个民族也和个人一样，最肯学人的时代就是那个民族最伟大的时代；等到它不肯学人的时候，它的盛世已过去了，它已走上衰老僵化的时期了。我们中华民族最伟大的时代，正是我们最肯模仿四邻的时代：从汉到唐、宋，一切建筑、绘画、雕刻、音乐、宗教、思想、算学、天文、工艺，哪一件里没有模仿外国的重要成分？佛教和它带来的美术建筑，不用说了。从汉朝到今日，我们的历法改革，无一次不是采用外国的新法；最近三百年的历法是完全学西洋的，更不用说了。到了我们不肯学人家的好处的时候，我们的文化也就不进步了。我们到了民族中衰的时代，只有懒劲学印度人的吸食鸦片，却没有精力学满洲人的不缠脚，那就是我们自杀的法门了。

第二，我们不可轻视日本人的模仿。寿生先生也犯了一般人轻视日本的恶习惯，抹杀日本人善于模仿的绝大长处。日本的成功，正可以证明我在上文说的"一切创造都从模仿出来"的原则。寿生说：

从唐以至日本明治维新，千数百年间，日本有一件事足为中国取镜者吗？中国的学术思想在它手里去发展改进过吗？我们实无法说有。

这又是无稽的诬告了。三百年前，朱舜水到日本，他居留久了，能了解那个岛国民族的优点，所以他写信给中国的朋友说，日本的政治虽不能上比唐、虞，可以说比得上三代盛世。这是一个中国大学者在长期寄居之后下的考语，是值得我们的注意的。日本民族的长处全在他们肯一心一意地学别人的好处。他们学了中国的无数好处，但始终不曾学我们的小脚、八股文、鸦片烟。这不够"为中国取镜"吗？他们学别国的文化，无论在哪一方面，凡是学到家的，都能有创造的贡献，这是必然的道理。浅见的人都说日本的山水人物画是模仿中国的，其实日本画自有它的特点，在人物方面的成绩远胜过中国画，在山水方面也没有走上四王的笨路。在文学方面，他们也有很大的创造，近年已有人赏识日本的小诗了。我且举一个大家不甚留意的例子，文学史家往往说日本的《源氏物语》等作品是模仿中国唐人的小说《游仙窟》等书的，现今《游仙窟》已从日本翻印回中国来了，《源氏物语》也有了英国人卫来先生（Athur Waley）的五巨册的译本。我们若比较这两部书，就不能不惊叹日本人创造力的伟大。如果《源氏》真是从模仿《游仙窟》出来的，那真是徒弟胜过师傅千万倍了！寿生先生原文里批评日本的工商业，也是中了成见的毒。日本今日工商业的长足发展，虽然也受了生活程度比人低和货币低落的恩惠，但它的根基实在是全靠科学与工商业的进步。今日大阪与兰肯歇的竞争，骨子里还是新式工业与旧式工业的竞争。日本今日自造的纺织器是世界各国公认为最新最良的，今日英国纺织业也不能不购买日本的新机器了，这是从模仿到创造的最好的例子。不然，我们工人的工资比日本更低，货币平常也比日本钱更贱，为什么我们不能"与他国资本家抢商场"呢？我们到了今日，若还要抹杀事实，笑人模仿，而自居于"富于创造性者"的不屑模仿，那真是盲目的夸大狂了。

第三，再看看"我们的固有文化"是不是真的"太丰富了"。寿生和其他夸大本国固有文化的人们，如果真肯平心想想，必然也会明白这句话也是无根的乱谈。这个问题太大，不是这篇短文里所能详细讨论的，我只能指出这个比较重要之点，使人明白我们的固有文化实在是很贫乏的，谈不到"太丰富"的梦话。近代的科学文化、工业文化，我们可以撇开不谈，因为在那些方面，我们的贫乏未免太丢人了。

我们且谈谈老远的过去时代罢。我们的周秦时代当然可以和希腊、罗马相提并论，然而我们如果平心研究希腊、罗马的文学、雕刻、科学、政治，单是这四项就不能不使我们感觉我们的文化的贫乏了。尤其是造型美术与算学的两方面，我们真不能不低头愧汗。我们试想想，《几何原本》的作者欧几里得（Euclid）正和孟子先后同时，在那么早的时代，在两千多年前，我们在科学上早已太落后了！（少年爱国的人何不试拿《墨子·经上》篇里的三五条几何学界说来比较《几何原本》？）从此以后，我们所有的，欧洲也都有；我们所没有的，人家所独有的，人家都比我们强。试举一个例子：欧洲有三个一千年的大学，有许多个五百年以上的大学，至今继续存在，继续发展。我们有没有？至于我们所独有的宝贝，骈文、律诗、八股、小脚、太监、姨太太、五世同居的大家庭、贞节牌坊、地狱活现的监狱、廷杖、板子夹棍的法庭……虽然"丰富"，虽然"在这世界无不足以单独成一系统"，究竟都是使我们抬不起头来的文物制度。即如寿生先生指出的"那更光辉万丈"的宋、明理学，说起来也真正可怜！讲了七八百年的理学，没有一个理学圣贤来指出裹小脚是不人道的野蛮行为，只见大家崇信"饿死事极小，失节事极大"的吃人礼教：请问那万丈光辉究竟照耀到哪里去了？

以上说的，都只是略略指出寿生先生代表的民族信心是建筑在散沙上面，经不起风吹草动，就会倒塌下来的。信心是我们需要的，但无根据的信心是没有力量的。

可靠的民族信心，必须建筑在一个坚固的基础之上，祖宗的光荣自是祖宗之光荣，不能救我们的痛苦羞辱，何况祖宗所建的基业不全是光荣呢？我们要指出：我们的民族信心必须站在"反省"的唯一基础之上。反省就是要闭门思过，要诚心诚意地想，我们祖宗的罪孽深重，我们自己的罪孽深重；要认清了罪孽所在，然后我们可以用全副精力去消灾灭罪。寿生先生引了一句"中国不亡是无天理"的悲叹词句，他也许不知道这句伤心的话是我十三四年前在中央公园后面柏树下对孙伏园先生说的，第二天被他记在《晨报》上，就流传至今。我说出那句话的目的，不是要人消极，是要人反省；不是要人灰心，是要人起信心，发下大宏誓来忏悔，来替祖宗忏悔，替我们自己忏悔，要发愿造新因来替代旧日种下的恶因。

今日的大患在于全国人不知耻。所以不知耻者，只是因为不曾反省。一个国家兵力不如人，被人打败了，被人抢夺了一大块土地去，这不算是最大的耻辱。一个国家在今日还容许整个的省份遍种鸦片烟，一个政府在今日还要依靠鸦片烟的税收——公卖税、吸户税、烟苗税、过境税——来做政府的收入的一部分，这是最大的耻辱。一个现代民族在今日还容许他们的最高官吏公然提倡什么"时轮金刚法会""息灾利民法会"，这是最大的耻辱。一个国家有五千年的历史，而没有一个四十年的大学，甚至于没有一个真正完备的大学，这是最大的耻辱。一个国家能养三百万不能捍卫国家的兵，而至今不肯计划任何区域的国民义务教育，这是最大的耻辱。

真诚的反省自然发生于真诚的愧耻。孟子说得好："不耻不若人，何若人有？"真诚的愧耻自然引起向上的努力，要发宏愿努力学人家的好处，铲除自家的罪恶。经过这种反省与忏悔之后，然后可以起新的信心：要信仰我们自己正是拨乱反正的人，这个担子必须我们自己来挑起。三四十年的天足运动已经差不多完全铲除了小脚的风气：从前大脚的女人要装小脚，现在小脚的女人要装大脚了。风气转移得这样快，这不够坚定我们的自信心吗？

历史的反省自然使我们明了今日的失败都因为过去的不努力，同时也可以使我们格外明了"种瓜得瓜，种豆得豆"的因果铁律。铲除过去的罪孽只是割断已往种下的果，我们要收新果，必须努力造新因。祖宗生在过去的时代，他们没有我们今日的新工具，也居然能给我们留下了不少的遗产。我们今日有了祖宗不曾梦见的种种新工具，当然应该有比祖宗高明千百倍的成绩，才对得起这个新鲜的世界。日本一个小岛国，那么贫瘠的土地，那么少的人民，只因为伊藤博文、大久保利通、西乡隆盛等几十个人的努力，只因为他们肯拼命地学人家，肯拼命地用这个世界的新工具，居然在半个世纪之内一跃而为世界三五大强国之一，这不够鼓舞我们的信心吗？

反省的结果应该使我们明白那五千年的精神文明，那"光辉万丈"的宋、明理学，那并不太丰富的固有文化，都是无济于事的银样镴枪头。我们的前途在我们自己的手里，我们的信心应该望在我们的将来，我们的将来全靠我们下什么种、出多少力。"播了种一定会有收获，用了力绝不至于白费"，这是翁文灏先生要我们有的信心。

中学生的修养与择业 *

　　刚才吴县长报告了五十八年前我在此地的一段历史。我在三岁至四岁间，随先人在台东州住过一年多，在台南住过十个月，他要我把台东看作第二家乡，昨天台南市市长也向台南市市民介绍我是台南人。这番盛意，我非常感谢！吴县长预备在这里要做纪念我先人的举动，实在不敢当。明天举行县议员选举，我将以不是候选人也不是选举人，冒充同乡，到各投票所去参观。

　　今天我看到了吴县长老太太，看到了她，我非常感动，她可算台东年龄最高的了，她与先母年龄相当，先母如在世，已经有七十九岁了。

　　我到这里不久，与县长、教育科长、校长等几位谈话，知道了台东的教育是在异常困难的情况下来推进的，我非常敬佩

---

* 本文为1952年12月27日在台东县公共体育场的演讲词。

他们艰苦不移紧守岗位的坚毅意志。本来教育厅陈雪屏厅长预备与我们同来的，因台北有事，临时由台南赶回去了，不过教育厅还有一位视察杨日旭先生是同来的，我已经特地要他到各校去视察，并将视察结果报告教育厅，以使省府对台东的教育情形有所了解。

今天我应该讲些什么？事先曾请教吴县长、师范刘校长和同来的几位朋友，他们以今天到场的大多数是青年朋友们，也有青年朋友们的父兄，因此要我讲讲中等教育的东西。同时，我到过的地方，许多朋友常常问我中学生应注重什么？中学毕业后，升学的应该怎样选科？到社会里去的应该怎样择业？我是不懂教育的，不过年纪大些，并且自己也是经过中学大学出来的，同时看到朋友们与我们自己的子弟经过中学，得到一点认识，愿意将自己的认识提出来供大家的参考，今天讲的题目，就是"中学生的修养与中学生的择业"。

中学生的修养应注重两点：

一、工具的求得

中学生大概是从十二岁的幼年到十八岁的青年，这个时期是决定他将来最重要的一个时期，求知识与做人、做事的工具，要在这个时期求得。古人说："工欲善其事，必先利其器。"中学生要将来有成就，便应该注意到"求工具"——学业上、事业上、求知识上所需要的工具。求工具的目标有二：一是中学毕业后无力升学要到社会里去就业，一是继续升学。

第一种工具是言语文字。不论就业升学，以我个人的经验和观察所得，语言文字是最需要的工具。在中学里不仅应该学好本国的语言文字，最好能多学一二种外国的语言文字，它是就业升学的钥匙，能为我们打开知识的门。多学得一种语言，等于辟开一个新的花园、新的世界。语言文字，可以说是中学时期应该求得的工具当中非常重要的了。在中学时期如果没有打好语言文字的基础，以后做学问非常困难。而且过了这个时期，很少能够把语言文字弄好的。

第二种工具是科学的基本知识。许多人都说学了数学，将来没有什么用处，这是错误的。数学是自然科学重要的钥匙，如果不能把这个重要的钥匙——数学，与物理学、化学、生物学、矿物学、植物学等，在中学时期学好，则不能求得新的知识。所以中学时期最重要的，是把这些基本知识弄好。

青年们在学校里对于各种基本科学，不能当它是功课，是学校课程里面需要的功课，应该把它当成求知识、做学问、做人的工具，必不可少的工具。拿工具这个观念来看课程，课程便活了。拿工具这个观念来批评课程，可以得到一个标准。首先看看哪些功课够得上做工具，并分出哪些功课是求知识做学问的工具，哪些功课是做人的工具。哪些功课是重要，哪些功课是次要。同时拿工具这个观念来督促自己，来分别轻重缓急。先生的教法，也可以拿工具这个观念来衡量，哪种教法是死的笨的，请先生改良；哪些应该特别注重，请先生注意。我这个话，不是叫学生对先生造反，而是请先生以工具来教，不要死板地照课本讲，这样推动先生，可以使得先生从没有精神提起精神，不是造反而是教学相长，不把功课当作功课看，把它当作必需的工具看。拿工具的观念看功课，功课便是活的，这一点也可以说是中学生治学的方法。

二、良好习惯的养成

良好习惯的养成，即普通所谓的人品教育，品性人格的陶冶。教育学家、心理学家都告诉我们说：人品性格是习惯的养成，好的品格是好的习惯养成。中学生是定型的阶段，中学生时期与其注重治学方法，毋宁提倡良好习惯的养成。一个人的坏习惯在中学还可纠正，假使在中学里不能养成良好的习惯，这个人的前途便算完了，在大学里不会是个好学生，在社会里不会是个有用的人才。我愿在这里提醒青年学生们的注意，也请学生的父兄教师们注意。

我们的国家以前专注重文字教育，读书人的指甲蓄得很长，手脸都是白白的，行动是文绉绉的，读书可以从"学而时习之"背诵起，写文章摇摇摆摆地会写出许多好听的词句来，可是他们是无用的，不能动手，也不能动脚，连桌凳有一点坏了，也不能拿起斧头钉子来修理。这种只能背书写文章的读书人就是没有养成良好的习惯——动手动脚的习惯。

我在台湾大学讲治学方法时，讲到一个故事：宋时有一新进士请教老前辈做官的秘诀，老前辈告诉他四个字"勤谨和缓"。这四个字，大家称为做官秘诀，我把它看作做人、做事、做学问的秘诀。简单地分别说：

勤，就是不偷懒，不走捷径，要切切实实、辛辛苦苦地去做。要用眼睛的用眼睛，用手的用手，用脚的用脚，先生叫你找材料，你就到应该到的地方去找。叫你找标本，你就到田野、到树林里去找，无论在实验室里、自然界里，都不要偷懒，一点一滴地去做。

谨，就是谨慎，不粗心，不苟且，以江浙的俗话来说，不拆烂污。写字，一点、一横都不放过。写外国字，i 的一点，t 的一横，也一样地不放过。做数学，一个圈、一个小数点都不可苟且。不要以为这是小事情，做事关系天下的大事，做学问关系成败，所以细心谨慎，是必须要养成的习惯。

和，就是不要发脾气，不要武断，要虚心，要和和平平。什么叫作虚心？脑筋不存成见，不以成见来观察事，不以成见来对待人。就做学问来说：要以心平气和的态度来做化学、数学、历史、地理，并以心平气和的态度来学语文。无论对事、对人、对物、对问题、对真理，完全是虚心的，这叫作和。

缓，这个字很重要，缓的意思是不要忙，不轻易下一个结论。如果没有缓的习惯，前面三个字都不容易做到。譬如找证据，这是很难的工作，如果要几点钟缴卷，就不能做到勤的功夫。忙于完成，证据不够，不管它了，这样就不能做到谨的功夫。匆匆忙忙地去做，当然不能做到和的功夫。所以证据不够，应该悬而不断，就是姑且挂在那里，悬而不断，并不是叫你搁下来不管，是要你勤，要你谨，要你和。缓，就是南方人说的"凉凉去吧"，缓的意思，是要等着找到了充分的证据，然后根据事实来下判断。无论做学问、做事、做官、做议员，都是一样的。大家知道治花柳病的名药"六〇六"吧？什么叫"六〇六"呢？经过六百零六次的试验才成功的。"九一四"则试验了九百一十四次。达尔文的生物进化论，认为动植物的生存进化与环境有绝大的关系，也费了三十年的工夫，到四海去搜集标本和研究，并与朋友们往复讨论。朋友们都劝他发表，他仍然不肯。后来英国皇家学会收到另一位科学家华莱士的论文，其结论与达尔文的一样，朋友们才逼着达尔文把研究的结论公布，并提出与朋友们讨论的信件，来证明他早已获得结论，于是皇家学会才决定同华莱士的论文同时发表。达尔文这种持重的态度，不是缺点，是美德，这也是科学史上勤谨和缓的实例，值得我们去想想，作为榜样，尤其青年学生们要在中学里便养成这种好习惯。有了这种好习惯，无论是做人做事做学问，将来不怕没有成就。

中学生高中毕业后，面临的问题是继续升学或到社会去找职业。升学应如何选科？到社会去应如何择业？简单地说，有两个标准：

一、社会的标准

社会上所需要的，最易发财的，最时髦的是什么？这便是社会的标准。台湾大学钱校长告诉我说，今年台大招生，投考学生中外文成绩好的都投考工学院，尤其是考电机工程、机械工程的特多，考文史的则很少，因为目前社会需要工程师，学成后容易得到职业而且待遇好。这种情形，在外国也是一样的，外国最吃香的学科是原子能、物理学和航空工程，干这一行的，最受欢迎，最受优待。

二、个人的标准

所谓个人的标准，就是个人的兴趣、性情、天才近哪门学科，适于哪一行业。简单地说，能干什么。社会上需要工程师，学工程的固不忧失业，但个人的性情志趣是否与工程相合？父母兄长爱人都希望你学工程，而你的性情志趣，甚至天才，却近于诗词、小说、戏剧、文学，你如迁就父母兄长爱人之所好而去学工程，结果工程界里多了一个饭桶，国家社会失去了一个第一流的诗人、小说家、文学家、戏剧学家，不是可惜了吗？所以个人的标准比社会的标准重要。因为社会标准所需要的太多，中国人常说社会职业有三百六十行，这是以前的说法，现在何止三百六十行，也许三千六百行、三万六千行都有，三千六百行，三万六千行，行行都需要。社会上需要建筑工程师，需要水利工程师，需要电力工程师，也需要大诗人、大美术家、大法学家、大政治家，同时也需要做新式马桶的工人。能做新式马桶的，照样可以发财。社会上三万六千行，既是行都需要，一个人绝不可能会做每行的事，顶多会二三行，普通都只能会一行的。在这种情形之下，试问是社会的标准重要？还是个人的标准重要？当然是个人的重要！因此选科择业不要太注重社会上的需要，更不要迁就父母兄长爱人的所好。爸爸要你学赚钱的职业，妈妈要你学时髦的职业，爱人要你学社会上有地位的职业，你都不要管他，只问你自己的性情近乎什么？自己的天才力量能做什么？配做什么？要根据这些来决定。

历史上在这一方面，有很好的例子。意大利的伽利略是科学的老祖宗，是新的天文学家、新的物理学家的老祖宗。他的父亲是一个数学家，当时学数学的人很倒霉。在伽利略进大学的时候（三百多年前），他父亲因不喜欢数学，所以要他学医，可是他读医科，毫无兴趣，朋友们以他的绘画还不坏，认为他有美术天才，劝他改学美术，他自己也颇以为然。有一天他偶然走过雷积教授替公爵府里面做事的人补习几何学的课室，便去偷听，竟大感兴趣，于是医学不学了，画也不学了，改学他父亲不喜欢的数学，后来替全世界创立了新的天文学、新的物理学，这两门学问都建筑于数学之上。

最后说我个人到外国读书的经过。民国前二年，考取官费留美，家兄特从东三省赶到上海为我送行，以家道中落，要我学铁路工程，或矿冶工程，他认为学了这些回来，可以复兴家业，并替国家振兴实业。不要我学文学、哲学，也不要学做官的政治法律，说这是没有用的。当时我同许多人谈谈这个问题，以路矿都不感兴趣，为免辜负兄长的期望，决定选读农科，想做科学的农业家，以农报国。同时美国大学农科，是不收费的，可以节省官费的一部分，寄回补助家用。

进农学院以后第三个星期，接到实验系主任的通知，要我到该系报到实习。报到以后，他问我："你有什么农场经验？"我说："我不是种田的。"他又问我："你做什么呢？"我说："我没有做什么，我要虚心求学，请先生教我。"先生答应说：

"好。"接着问我洗过马没有，要我洗马。我说："我们中国种田，是用牛不是用马。"先生说："不行。"于是学洗马，先生洗一半，我洗一半。随即学驾车，也是先生套一半，我套一半。做这些实习，还觉得有兴趣。下一个星期的实习，为苞谷选种，一共有百多种，实习结果，两手起了泡，我仍能忍耐，继续下去。一个学期结束了，各种功课的成绩，都在八十五分以上。到了第二年，成绩仍旧维持到这个水准。

依照学院的规定，各科成绩在八十五分以上的，可以多选两个学分的课程，于是增选了种果学。起初是剪树、接种、浇水、捉虫，这些工作，也还觉得有兴趣。在上种果学的第二星期，有两小时的实习苹果分类，一张长桌，每个位子分置了四十个不同种类的苹果，一把小刀，一本苹果分类册，学生们须根据每个苹果的长短、开花孔的深浅、颜色、形状、果味和脆软等标准，查对苹果分类册，分别其类别（那时美国苹果有四百多类，现恐有六百多类了），普通名称和学名。美国同学都是农家子弟，对于苹果的普通名称一看便知，只需在苹果分类册里查对学名，便可填表缴卷，费时甚短。我和一位郭姓同学则须一个一个地经过所有鉴别的手续，花了两小时半，只分类了二十个苹果，而且大部分是错的。

晚上我对这种实习起了一种念头：我花了两小时半的时间，究竟是在干什么？中国连苹果种子都没有，我学它什么用处？自己的性情不相近，干吗学这个？这两个半钟头的苹果实习使我改行，于是，决定离开农科。

　　放弃一年半的时间（这时我已上了一年半的课），牺牲了两年的学费，不但节省官费补助家用已不可能，维持学业也很困难，以后我改学文科，学哲学、政治、经济、文学。

　　在没有回国时，以前与朋友们讨论文学问题，引起了中国的文学革命运动，提倡白话，拿白话作文，做教育工具，这与农场经验没有关系，与苹果学没有关系，是我那时的兴趣所在。我的玩意儿对国家贡献最大的便是文学的"玩意儿"，我所没有学过的东西。最近研究《水经注》（地理学的东西）。我已经六十二岁了，还不知道我究竟学什么？都是东摸摸、西摸摸，也许我以后还要学学水利工程亦未可知，虽则我现在头发都白了，还是无所专长，一无所成。

　　可是我一生很快乐，因为我没有依社会需要的标准去学时髦，我服从了自己的个性，根据个人的兴趣所在去做，到现在虽然一无所成，但是我生活得很快乐。希望青年朋友们，接受我经验得来的这个教训，不要问爸爸要你学什么，妈妈要你学什么，爱人要你学什么，要问自己性情所近，能力所能做的去学。这个标准很重要，社会需要的标准是次要的。

第四章

读书办刊杂记

海外读书杂记

　　我去年到欧洲，除会议及讲演之外，居然能在巴黎的国立图书馆和伦敦的英国博物院读了不少的敦煌写本。我在巴黎读了五十卷子，在伦敦读了近一百卷子。我的主要目的在于发现关于禅宗史的唐代原料。在这一点上，我的成绩可算是很满意。但这些原料一时还不能整理出来，须待将来回国之后细细考证一番，才可发表。现在我且把一些零碎的材料，整理出几件来，送给留英学生会的杂志主任，也许可以引起海外留学的朋友们的注意，也许可以勾引他们也到这破纸堆里去掏摸一点好材料出来。

　　在我的杂件之前，我不能不略说这些古写本的历史与内容。

一、敦煌写本的略史

　　敦煌的千佛洞中，有一个洞里藏有古代写本书卷，大概是一个"僧寺图书馆"。这一个洞自从北宋仁宗时（约 1035 年）就封闭了，埋没了；年代久远，竟无人过问。直到八百多年后，约当光绪庚子年（1900 年），此洞偶然被一个道士发现，人间始知道这洞里藏着二万多卷写本经卷。那时交通不便，这件事竟不曾引起中国人士的注意。1907 年，英国斯坦因爵士（Sir Aurel Stein）到中亚细亚去探险，路过敦煌，知道此洞的发现；斯氏不懂汉文，带去的翻译也不是学者，不知道如何选择，便拢统购买了六千多卷，捆载回去。到了第二年（1908 年），法国伯希和氏（M. Paul Pelliot）也到此地，他是中国学的大家，从那剩余的书卷堆里挑了约有二千多卷子，带回法国。后来中国的学者知道了此事，于是北京的学部方才命甘肃的当局把剩余的经卷尽数送到北京保存。其时偷的偷，送人情的送人情，结果还存六七千卷，现在京师图书馆里。

这一洞藏书，全数有两万多卷，现在除去私家收藏不可稽考之外，计有三大宗：

（A）伦敦　约 6000 卷

（B）巴黎　约 2500 卷

（C）北京　约 7000 卷

这二万卷里，除了几本最古印本（现在伦敦）之外，都是写本。有许多是有跋尾，有年代可考的。从这些有年代的卷子看来，这洞里的写本最古的有西历 5 世纪（406 年）写的，最晚的约在 10 世纪的末年（995—997 年）。这六个世纪的书卷，向来无从访求；现在忽然涌出二万卷的古书卷来，世间忽然添了二万卷的史料，这是近代中国学术史上的一件绝重要的事。

二、敦煌卷子的内容

北京的几千卷子，至今还没有完全的目录。伦敦的六千卷，已有五千多"目"编成，还有一千多"目"未成。北京大学《国学季刊》第一卷里有罗福苌先生的《伦敦藏敦煌写本略目》，可以参看。巴黎的二千多卷子已有目录；法文本在巴黎"国立图书馆"；中文有罗福苌译本，载在《国学季刊》第一卷。

我们可以说，敦煌的写本的内容可分为七大类：

（甲）绝大多数为佛经写本，约占全数的百分之九十几。其中绝大部分多是常见的经典，如《般若》《涅槃》《法华》《金刚》《金光明》之类，没有什么大用处，至多可以供校勘而已；但也可以考见中古时代何种经典最流行，这也是一种史料。其中有少数不曾收入"佛藏"的经典，并有一些"疑伪经"，是很值得研究的。日本的学者矢吹博士曾影印了不少，预备收入新编的《大正藏经》。

（乙）道教经典。中古的道教经典大多是伪造的，然而我们都不知道现行的《道藏》里那些经是宋以前的作品。敦煌所藏的写本道经可以使我们考见一些最早的道教经典是什么。其中的写本《老子》《庄子》等，大可作校勘的材料。

（丙）宗教史料。以上两类都可算是宗教史料；但这里面最可宝贵的是一些佛经、道经之外的宗教史料。如禅宗的史料，如敦煌各寺的尼数，如僧寺的账目，如摩尼教（Manichaeism）的经卷的发现……皆是很有价值的史料。

（丁）俗文学（平民文学）。我们向来不知道中古时代的民间文学。在敦煌的书洞里，有许多唐、五代、北宋的俗文学作品。从那些僧寺的"五更转""十二时"，我们可以知道"填词"的来源。从那些"季布""秋胡"的故事，我们可以知道小说的来源。从那些《维摩诘》唱文"，我们可以知道弹词的来源。

（戊）古书写本。如《论语》《左传》《老子》《庄子》《孝经》等，皆偶有校勘之用。

（己）佚书。如《字宝碎金》，贾耽《劝善经》《太公家教》，韦庄《秦妇吟》，王梵志《诗集》，等等，皆是。

（庚）其他史料。敦煌藏书中有许多零碎史料，可以补史书所不备。如沙州曹氏的历史，已经好几位学者（如罗振玉先生等）指出了。此外尚有无数公文、《社司转帖》、户口人数、账目、信札……皆有史料之用。

三、神会的《显宗记》及语录

在禅宗的历史上，神会和尚（荷泽大师）是一个极重要的人物。六祖（慧能）死后，神会出来明目张胆地和旧派挑战，一面攻击旧派，一面建立他的新宗教——"南宗"。那时旧派的势焰熏天，仇恨神会，把他谪贬三次。御史卢奕说他，"聚徒，疑萌不利"，初贬到弋阳，移到武当，又移到荆州。然而他奋斗的结果居然得到最后的胜利。他死后近四十年，政府居然承认他为"正宗"，下敕立神会为禅门第七祖（贞元十二年，西历796年）。从此以后，南宗便成了"正统"。

这样一个重要的人物，后来研究禅宗史的人都往往忽略了他；却是两个无名的和尚（行思与怀让），依靠后辈的势力，成为禅宗的正统！这是历史上一件最不公平的事。

神会的语录与著作都散失了；世间流传的只有《景德传灯录》（卷三十）里载的一篇《显宗记》，转载在《全唐文》（卷九一六）里。我当时看《显宗记》里有这几句话：

> 自世尊灭度后，西天二十八祖共传无住之心，同说如来知见。至于达摩，届此为初，递代相承，于今不绝。

我很疑心"二十八祖"之说不应该起的这样早，所以我疑心这篇《显宗记》不是神会的著作。

我到巴黎，不上几天，便发现了一卷无名的语录，依据内容，定为神会的语录的残卷。后来我从别种敦煌卷子里得着旁证（例如《历代法宝记》），可以确定此为神会的语录（卷子号目 Pelliot3488）。

过了几天，又发现了一长卷语录，其中一处称"荷泽和尚"，三次自称"会"，六次自称"神会"，其为神会的语录无疑。此卷甚长，的确是唐人写本，最可宝贵（号目 P. 3047）。

从此世间恢复了两卷《神会语录》的古本，这是我此行最得意的事！

　　我到了伦敦，无意之中发现了一卷破烂的写本，尾上有"顿悟无生般若讼一卷"九个字。我读下去觉得很像是一篇读过的文字；读到"如王系珠，终不妄与"，我忽然大悟这是《显宗记》的"如王髻珠，终不妄与"！检出《显宗记》全文细校，始知这残卷果然是向来所谓《显宗记》的古本，前面缺去约三分之一，从"□□不有，即是真空"起，以下都完全。

　　此残本有可注意的两点：

　　第一，此卷有原题，叫作"顿悟无生般若讼一卷"。南宗本是"顿宗"，主张"顿悟"；此文中有云：

　　　　般若无照，能照涅槃；
　　　　涅槃无生，能生般若。(《显宗记》"照"作"见")

又云：

　　　　无生既(《显宗记》作"即")无虚妄，法是空寂之心。
　　　　知空寂而了法身，[了法身]（原卷脱此三字，依《显宗记》补）而真解脱。

可证原题不错。"讼"当是"颂"或"说"之讹。《显宗记》当是后人立的名字，应该改用原题。

第二，上文我引了那几句可疑的话，指出"二十八祖"之说不应出现如此之早。此卷里却没有"自世尊灭度后，西天二十八祖共传无住之心，同说如来知见"二十四个字。此可见这二十四字乃是后人添进去的。这一点可以证明"二十八祖"说的晚出，又可以使我们承认这篇文字为神会之作了。

此卷与《显宗记》传本，文字上稍有异同，我已一一校出了，将来可以发表（号目 Stein 468）。

从此以后，我们不但添了两卷神会的语录，又还给《显宗记》洗刷去后人添入的字句，恢复了原本，恢复了它的信用，也可以说是替神会添了一件原料了。

四、所谓《永嘉证道歌》

《大藏经》里收有永嘉玄觉和尚的《证道歌》一篇，向来无人怀疑。

但此篇却使我们研究史料的人十分怀疑。为什么呢？旧史都说玄觉是六祖同时的人，曾参谒六祖，言下大悟，六祖留他一宿，明日下山去。故他有"一宿觉"的绰号。六祖死于先天二年（713年）。《联灯会要》说玄觉也死于先天二年。《释氏通鉴》说他死于先天元年（712年）。《宗统编年》说他死于开元二年（714年）。无论如何，旧史都说玄觉与六祖同一年死，或先后一年死。

然而《证道歌》里已有这些话了：

建法幢，竖宗旨，

明明佛敕曹溪是。

第一迦叶首传灯，

二十八代西天记。

入此土，菩提达摩为初祖。

六代传衣天下闻，

后人得道何穷数？

如果《证道歌》是真的，那么，慧能（六祖）在日，不但那"六代传衣"之说已成了"天下闻"的传说，并且那时早已有"二十八代"的传说了。何以唐人作和尚碑志，直到9世纪初年，还乱说"二十三代""二十五代"呢？

这回我在巴黎发现一卷子，有"太平兴国五年"（980年）的字样，上面抄着各种文件，其中有一件题为：

禅门秘要诀

招觉大师一宿觉。

我抄出细读，始知为世间所谓《永嘉证道歌》的全文！后来校读一遍，其中与今本几乎没有什么出入。

我现在还不曾考出"招觉大师"是谁。但我们因此可知此文并不是玄觉所作，原题也不叫作"证道歌"，本来叫作"禅门秘要绝"。

我们竟可以进一步说，所谓"永嘉禅师玄觉"者，直是一位乌有先生！本来没有这个人。那位绰号"一宿觉"的和尚，叫作"招觉"，生在"二十八祖"之说已成定论的时代，大概在晚唐五代之时。他与六祖绝无关系，他生在六祖死后近二百年。

玄觉有《永嘉集》十篇，为一卷；旧说是唐庆州刺史魏静所集，其中并无《证道歌》。向来的人因此疑《永嘉集》是伪作的，现在看来，《证道歌》与玄觉无关；《永嘉集》不收《证道歌》，也许倒可以证明《永嘉集》是一部比较可靠的书。若《永嘉集》也是伪作，那么，玄觉更是乌有先生了。（手头无《永嘉集》，无从考证。）

读禅宗书的人，应该知道禅门旧史家最喜欢捏造门徒，越添越多。六祖门下添一个玄觉，便是一例。（此卷号目 P. 2104）

五、《维摩诘经唱文》的作者与时代

自从敦煌写本发现之后，我们渐渐知道唐朝民间有许多白话的文学作品。蒋氏的《沙州文录》，罗氏的《敦煌零拾》，都载着一些敦煌写本的唐代民间文学。其中最可注意的是《维摩诘经》的唱文残卷（罗氏称为"佛曲"）。

《维摩经》为大乘佛典中的一部最有文学趣味的小说。鸠摩罗什的译笔又十分畅达。所以这部书渐渐成为中古时代最流行、最有势力的书。美术家用这故事作壁画；诗人文人用这故事作典故。大诗人王维，字摩诘，虽然有腰斩维摩诘的罪过，却也可见这部书的魔力。

这些残本的唱文便是用通俗的韵文，夹着散文的叙述，把维摩诘的故事逐段演唱出来。往往一百来字的经文可演成四千字的唱文。这种体裁，有说有唱，的确是后代弦索弹词的老祖宗。这部唱文，现在只存残片；北京存两长卷，伦敦存一些残卷，巴黎存若干卷。依原文一百字演成三四千字的比例，全部唱文至少须有二三百万字！这要算是世界上最伟大的"记事诗"（Epic）了！

我们看这些残卷，知道它在中国白话文学史上的重要，只苦于不能考定这种伟大作品的作者与时代。

今回我到巴黎，发现了一卷完整的《维摩诘》唱文，演的是"佛告弥勒菩萨"一长段，及"佛告光严童子"一长段。两段都完整无缺。卷尾跋云：

> 广政十年（西历947年）八月九日，在西川静真禅院写此第二十卷文书，恰遇抵黑书了。

又一行云：

> 不知如何到乡地去。

跋尾另黏上一纸，有大字跋云：

年至四十八岁，于州中应明寺开讲，极是温热。

卷首也黏有一纸，是一张问候帖子：

> 普贤院主比丘靖通，
> 右 靖通 谨祗候
> 起居，陈
> 贺
> 院主大德。谨状。
> 　正月 日 普贤院主比丘靖通状。

这帖子的反面有号数云：第"十九,二十"。与跋尾"第二十卷"相合。

我们从这些跋尾里可以知道一些极重要的事实：

第一，这部唱文是一部有组织、有卷第的大著作；此卷为"第十九,二十"卷："弥勒"一卷为第十九，"光严"一卷为第二十。依此类推，我们可以想见这部伟大的 Epic 的组织。

第二，这两卷作于"广政十年八月九日，在西川静真禅院"。这正是《花间集》出世的时代；蜀中太平日久，文物富丽，是我们知道的；但谁也想不到西川当日一个僧寺的客僧有这样伟大的作品。我们可以推想这些唱文的其他部分也是作于 10 世纪的中叶。

第三，我们不知道靖通是否是这些唱文的作者。也许此帖是人家问候他的；也许是他自己写了问候院主，丢了不用的。为方便起见，我们可以暂时假定作者是靖通。

我们可以知道他大概是敦煌一带的人；先到西川，流寓在静真禅院，"不知如何到乡地去"！他在这无聊做客的时候，作了一些唱文，也许是他解愁破闷的法子。后来他回到家乡了，大概是沙州，或瓜州。他四十八岁的时候在"州中"的应明寺开讲这两卷唱文。他说"极其温热"，我们可说是"极其热闹"。他高兴得很，回到房里，黏上一纸，大笔加上一跋，特别记出这几卷客中破闷的文字现在居然极受听众的欢迎。这一点"人的风趣"不但写出作者的为人，还可以使我们想象当日这种民间文学的背景。

随便写来，手实在酸了，可以交卷了。

　　一九二七，一，十。在"American Banker"船上，船在大西洋上已十天了。"不知何时到乡地去！"

《吴虞文录》序

凡是到过北京的人，总忘不了北京街道上的清道夫。那望不到尽头的大街上，迷漫扑人的尘土里，他们抬着一桶水，慢慢地歇下来，一勺一勺地洒到地上去，洒得又远又均匀。水洒着的地方，尘土果然不起了。但那酷烈可怕的太阳光，偏偏不肯帮忙，它只管火也似的晒在那望不尽头的大街上。那水洒过的地方，一会儿便晒干了；一会儿风吹过来或汽车走过去，那迷漫扑人的尘土又飞扬起来了！洒的尽管洒，晒的尽管晒。但那些蓝袄蓝裤露着胸脯的清道夫，并不因为太阳和他们作对就不洒水了。他们依旧一勺一勺地洒将去，洒得又远又均匀，直到日落了，天黑了，他们才抬着空桶，慢慢地走回去，心里都想道，"今天的事做完了！"

吴又陵先生是中国思想界的一个清道夫。他站在那望不到尽头的长路上，眼睛里，嘴里，鼻子里，头颈里，都是那迷漫扑人的孔渣孔瀋的尘土，他自己受不住了，又不忍见那无数行人在那孔渣孔滓的尘雾里撞来撞去，撞得破头折脚。因此，他发愤做一个清道夫，常常挑着一担辛辛苦苦挑来的水，一勺一勺地洒向那孔尘迷漫的大街上。他洒他的水，不但拿不着工钱，还时时被那无数吃惯孔尘的老头子们跳着脚痛骂，怪他不识货，怪他不认得这种孔渣孔滓的美味，怪他挑着水拿着勺子在大路上妨碍行人！他们常常用石头掷他，他们哭求那些吃孔尘羹饭的大人老爷们，禁止他挑水，禁止他清道。但他毫不在意，他仍旧做他清道的事。有时候，他洒的疲乏了，失望了，忽然远远地瞥见那望不尽头的大路的那一头好像也有几个人在那里洒水清道，他的心里又高兴起来了，他的精神又鼓舞起来了。于是他仍旧挑了水来，一勺一勺地洒向那旋洒旋干的长街上去。

这是吴先生的精神。吴先生和我的朋友陈独秀是近年来攻击孔教最有力的两位健将。他们两人，一个在上海，一个在成都，相隔那么远，但精神上很有相同点。独秀攻击孔丘的许多文章（多载在《新青年》第二卷），专注重"孔子之道不合现代生活"的一个主要观念。那个时候，吴先生在四川也做了许多非孔的文章，他的主要观念也只是"孔子之道不合现代生活"的一个观念。吴先生是学过法政的人，故他的方法与独秀稍不同。吴先生自己说他的方法道：

> 不佞丙午游东京，曾有数诗，注中多非儒之说。归蜀后，常以《六经》《五礼通考》《唐律疏义》《满清律例》及诸史中议礼议狱之文，与老、庄、孟德斯鸠、甄克思、穆

> 勒约翰、斯宾塞尔、远藤隆吉、久保天随诸家之著作，及
> 欧美各国宪法、民法、刑法，比较对勘。十年以来，粗有
> 所见。

吴先生用这个方法的结果，他的非孔文章大体都注意那些根据孔道的种种礼教、法律、制度、风俗。他先证明这些礼法制度都是根据于儒家的基本教条的，然后证明这种种礼法制度都是一些吃人的礼教和一些坑陷人的法律制度。他又从思想史的方面，指出自老子以来也有许多古人不满意于这些欺人吃人的礼制，使我们知道儒教所极力拥护的礼制在千百年前早已受思想家的批评与攻击了，何况在现今这种大变而特变的社会生活之中呢？

吴先生的方法，我觉得是很不错的。我们对于一种学说或一种宗教，应该研究它在实际上发生了什么影响："它产生了什么样子的礼法制度？它所产生的礼法制度发生了什么效果？增长了或是损害了人生多少幸福？造成了什么样子的国民性？助长了进步吗？阻碍了进步吗？"这些问题都是批评一种学说或一种宗教的标准。用这种实际的效果去批评学说与宗教，是最严厉又最平允的方法。吴先生虽不曾明说他用的是这种实际主义的标准，但我想他一定很赞成我这个解释。

那些"卫道"的老先生们也知道这种实际标准的厉害，所以他们想出一个躲避的法子来。他们说："这种种实际的流弊都不是孔老先生的本旨，都是叔孙通、董仲舒、刘歆、程颢、朱

熹等人误解孔道的结果。你们骂来骂去，只骂着叔孙通、董仲舒、刘歆、程颢、朱熹一班人，却骂不着孔老先生。"于是有人说《礼运》大同说是真孔教（康有为先生）；又有人说四教、四绝、三慎，是真孔教（顾实先生）。关于这种遁词，独秀说的最痛快：

> 足下分汉宋儒者以及今之孔道、孔教诸会之孔教，与真正孔子之教为二，且谓孔教为后人所坏。愚今所欲问者，汉唐以来诸儒，何以不依傍道、法、杨、墨，而人亦不以道、法、杨、墨称之？何以独与孔子为缘而复败坏之也？足下可深思其故矣。(《新青年》二卷4号)

这个道理最明显：何以那种种吃人的礼教制度都不挂别的招牌，偏爱挂孔老先生的招牌呢？正因为两千年吃人的礼教法制都挂着孔丘的招牌，故这块孔丘的招牌——无论是老店，是冒牌——不能不拿下来，捶碎，烧去！

我给各位中国少年介绍这位"四川省只手打孔家店"的老英雄——吴又陵先生！

发起《读书杂志》的缘起

差不多一百年前，清朝的大学者王念孙和他的儿子王引之两个人合办了一种不朽的杂志，叫作《读书杂志》。这个杂志前后共出了七十六卷，这一百年来，也不知翻刻翻印了多少次了！我们想象那两位白发的学者——一位八十多岁，一位六十多岁——用不老的精神和科学的方法，校注那许多的古书来嘉惠我们，那一幅"白发校书图"还不够使我们少年人惭愧感奋吗？我是崇拜高邮王氏父子的一个人，现在发起这个新的《读书杂志》，希望各位爱读书的朋友们把读书研究的结果，借它发表出来。一来呢，各人的心得可以因此得着大家的批评。二来呢，我们也许能引起国人一点读书的兴趣——大家少说点空话，多读点好书！

读 《楚辞》

十年六月，洪熙、思永们的读书会要我讲演，我讲的是我关于《楚辞》的意见，后来记在《日记》里，现在整理出来，作为一篇读书记。我很盼望国中研究《楚辞》的人平心考察我的意见，修正它或反证它，总期使这部久被埋没、久被"酸化"的古文学名著能渐渐地从乌烟瘴气里钻出来，在文学界里重新占一个不依傍名教的位置。

一、屈原是谁？

屈原是谁？这个问题是没有人发问过的。我现在不但要问屈原是什么人，并且要问屈原这个人究竟有没有。为什么我要疑心呢？因为：

第一，《史记》本来不很可靠，而《屈原贾生列传》尤其不可靠。

（子）《传》末有云："及孝文崩，孝武皇帝立，举贾生之孙二人至郡守，而贾嘉最好学，世其家，与余通书，至孝昭时，列为九卿。"司马迁何能知孝昭的谥法？一可疑。孝文之后为景帝，如何可说"及孝文崩，孝武皇帝立"？二可疑。

（丑）《屈原传》叙事不明。先说，"王怒而疏屈平"。次说，"屈平既疏，不复在位，使于齐，顾反谏怀王曰，何不杀张仪？王悔，追张仪不及"。又说，"怀王欲行，屈平曰，秦虎狼之国，不可信，不如无行"。又说，"顷襄王立，以子兰为令尹。楚人既咎子兰以劝怀王入秦而不反也，屈平既嫉之，虽放流，眷顾楚国，系心怀王，不忘欲反"。又说，"令尹子兰闻之大怒，卒使上官大夫短屈原于顷襄王。王怒而迁之。屈原至于江滨，被发行吟泽畔。……"既"疏"了，既"不复在位"了，又"使于齐"，又"谏"重大的事，一大可疑。前面并不曾说"放流"，出使于齐的人，又能谏大事的人，自然不曾被"放流"。而下面忽说"虽放流"，忽说"迁之"，二大可疑。"秦虎狼之国，不可信"二句，依《楚世家》，是昭睢谏的话。"何不杀张仪"一段，张仪传无此语，亦无"怀王悔，追张仪不及"等事，三大可疑。怀王拿来换张仪的地，此传说是"秦割汉中地"，张仪传说是"秦欲得黔中地"，《楚世家》说是"秦分汉中之半"。究竟是汉中是黔中呢？四大可疑。前称屈平，而后半忽称屈原，五大可疑。

第二，传说的屈原，若真有其人，必不会生在秦汉以前。

（子）"屈原"明明是一个理想的忠臣，但这种忠臣在汉以前是不会发生的，因为战国时代不会有这种奇怪的君臣观念。我这个见解，虽然很空泛，但我想很可以成立。

（丑）传说的屈原是根据于一种"儒教化"的《楚辞》解释的。但我们知道这种"儒教化"的古书解是汉人的拿手戏，只有那笨陋的汉朝学究能干这件笨事！

依我看来，屈原是一种复合物，是一种"箭垛式"的人物，与黄帝、周公同类，与希腊的荷马同类。怎样叫作"箭垛式"的人物呢？古代有许多东西是一班无名的小百姓发明的，但后人感恩图报，或是为便利起见，往往把许多发明都记到一两个有名的人物的功德簿上去。最古的，都说是黄帝发明的。中古的，都说是周公发明的。怪不得周公要一饭三吐哺，一沐三握发了！那一小部分的南方文学，也就归到屈原、宋玉（宋玉也是一个假名）几个人身上去。（佛教的无数"佛说"的经也是这样的，不过印度人是有意造假的，与这些例略有不同。）譬如诸葛亮借箭时用的草人，可以收到无数箭，故我叫它们做"箭垛"。

我想，屈原也许是二十五篇《楚辞》之中的一部分的作者，后来渐渐被人认作这二十五篇全部的作者。但这时候，屈原还不过是一个文学的箭垛。后来汉朝的老学究把那时代的"君臣大义"读到《楚辞》里去，就把屈原用作忠臣的代表，从此屈原就又成了一个伦理的箭垛了。

大概楚怀王入秦不返，是南方民族的一件伤心事，故当时有"楚虽三户，亡秦必楚"的歌谣。后来亡秦的义兵终起于南方，而项氏起兵时，竟用楚怀王的招牌来号召人心。当时必有楚怀王的故事或神话流传民间，屈原大概也是这种故事的一部分。在那个故事里，楚怀王是主角，屈原大概还是配角，郑袖唱花旦，靳尚唱小丑。但秦亡之后，楚怀王的神话渐渐失其作用了，渐渐消灭了，于是那个原来做配角的屈原反变成正角了。后来这一部分的故事流传久了，竟仿佛真有其事，故刘向《说苑》也载此事，而补《史记》的人也七拼八凑地把这个故事塞进《史记》去。补《史记》的人很多，最晚的有王莽时代的人，故《司马相如列传》后能引扬雄的话；《屈贾列传》当是宣帝时人补的，那时离秦亡之时已一百五十年了，这个理想的忠臣故事久已成立了。

二、《楚辞》是什么？

我们现在可以断定《楚辞》的前二十五篇绝不是一个人作的。那二十五篇是：

《离骚》 1　　《九歌》 9

《天问》 1　　《九章》 9

《远游》 1　　《卜居》 1

《渔父》 1　　《招魂》 1

《大招》 1

这二十五篇之中，《天问》文理不通，见解卑陋，全无文学价值，我们可断定此篇为后人杂凑起来的。《卜居》《渔父》为有主名的著作，见解与技术都可代表一个《楚辞》进步已高的时期。《招魂》用"些"，《大招》用"只"，皆是变体。《大招》似是模仿《招魂》的。《招魂》若是宋玉作的，《大招》绝非屈原作的。《九歌》与屈原的传说绝无关系，细看内容，这九篇大概是最古之作，是当时湘江民族的宗教舞歌。剩下的，只有《离骚》《九章》与《远游》了，依我看来，《远游》是模仿《离骚》作的；《九章》也是模仿《离骚》作的。《九章》中，《怀沙》载在《史记》，《哀郢》之名见于《屈贾传论》，大概汉昭宣帝时尚无《九章》之总名。《九章》中，也许有稍古的，也许有晚出的伪作。我们若不愿完全丢弃屈原的传说，或者可以认《离骚》为屈原作的。《九章》中，至多只能有一部分是屈原作的。《远游》全是晚出的仿作。

我们可以把上述的意见，按照时代的先后，列表如下：

（一）最古的南方民族文学　《九歌》

（二）稍晚——屈原?　　　　《离骚》

　　　　　　　　　　　　　《九章》的一部分（？）

（三）屈原同时或稍后　　　《招魂》

（四）稍后——楚亡后　　　《卜居》《渔父》

（五）汉人作的　　　　　　《大招》《远游》

　　　　　　　　　　　　　《九章》的一部分

　　　　　　　　　　　　　《天问》

三、《楚辞》的注家

《楚辞》注家分汉宋两大派。汉儒最迂腐，眼光最低，知识最陋。他们把一部《诗经》都罩上乌烟瘴气了。一首《关关雎鸠》明明是写相思的诗，他们偏要说是刺周康王后的，又说是美后妃之德的！所以他们把一部《楚辞》也"酸化"了。这一派自王逸直到洪兴祖，都承认那"屈原的传说"，处处把美人香草都解作忠君忧国的话，正如汉人把《诗》三百篇都解作腐儒的美刺一样！宋派自朱熹以后，颇能渐渐推翻那种头巾气的注解。朱子的《楚辞集注》虽不能抛开屈原的传说，但他于《九歌》确能别出新见解。《九歌》中，《湘夫人》《少司命》《东君》《国殇》《礼魂》，各篇的注与序里皆无一字提到屈原的传说；其余四篇，虽偶然提及，但朱注确能打破旧说的大部分，已很不易得了。我们应该从朱子入手，参看各家的说法，然后比朱子更进一步，打破一切迷信的传说，创造一种新的《楚辞》解。

四、《楚辞》的文学价值

我们须要认明白：屈原的传说不推翻，则《楚辞》只是一部忠臣教科书，但不是文学。如《湘夫人》歌："袅袅兮秋风，洞庭波兮木叶下"，本是白描的好文学，却被旧注家加上"言君政急则众民愁而贤者伤矣"（王逸），"喻小人用事则君子弃逐"（五臣）等等荒谬的理学话，便不见它的文学趣味了。又如：

> 捐余袂兮江中，遗余褋兮醴浦，搴汀洲兮杜若，将以
> 遗兮远者。

这四句何等美丽！注家却说：

> 屈原托与湘夫人，共邻而处，舜复迎之而去，穷困无
> 所依，故欲捐弃衣物，裸身而行，将适九夷也。远者谓高
> 贤隐士也。言己虽欲之九夷绝域之外，犹求高贤之士，平
> 洲香草以遗之，与共修道德也。（王逸）

或说：

> 袂褋皆事神所用，今夫人既去，君复背己，无所用
> 也，故弃遗之。……杜若以喻诚信：远者，神及君也。
> （五臣）

或说：

> 既诒湘夫人以袂褋，又遗远者以杜若。好贤不已也。
> （洪兴祖）

　　这样说来说去，还有文学的趣味吗？故我们必须推翻屈原的传说，打破一切村学究的旧注，从《楚辞》本身上去寻出它的文学兴味来，然后《楚辞》的文学价值可以有恢复的希望。

评 新 诗 集

一、康白情的《草儿》

上海亚东图书馆发行，一九二二年三月出版，价八角。

在这几年出版的许多新诗集之中，《草儿》不能不算是一部最重要的创作了。白情在他的诗里曾有两处宣告他的创作的精神。他说：

凡经我做过的都是对的。（页二五四）

他又说：

我要做就是对的；

凡经我做过的都是对的。

随做我的对的；

随丢我的对的。（页二四三）

我们读他的诗，也应该用这种眼光。"随做我的对的"是自由；"随丢我的对的"是进步。白情这四年的新诗，创造最多，影响最大；然而在他只是要作诗，并不是有意创体。我们在当日是有意谋诗体的解放，有志解放自己和别人；白情只是要"自由吐出心里的东西"；他无意于创造而创造了，无心于解放然而他解放的成绩最大。

白情受旧诗的影响不多，故中毒也不深。他的旧诗如"贰臣犹根蒂，四海未桑麻"（1916 年）；如"多君相得乘龙婿，愧我诗成嚼蜡妪"（1917 年），都是很不高明的。他的才性是不能受这种旧诗体的束缚的，故他在 1919 年 1 月作的《除夕》诗（页三〇一至三〇四），便有"去，去，出门去！围炉直干么？乘兴访朴园，踏雪沿北河"的古怪组合。"干么"底下紧接两句极牵强的骈句，便是歧路的情境了。笨的人在这个歧路上仍旧努力去作他的骈句，但是白情跳上了自由的路，以后便是《草儿》（1919 年 2 月 1 日）的时代了。

自《草儿》（页一）到《雪夜过泰安》（页四八），是 1919 年的诗。这一组里固然也有好诗，如《窗外》《送客黄浦》《日观峰》《疑问》；但我们总觉得这还是一个尝试的时代，工具还不能运用自如，不免带点矜持的意味。如《暮登泰山西望》：

谁遮这落日？

莫是昆仑山的云么？

破哟！破哟！

莫斯科的晓破了，

莫要遮了我要看的莫斯科哟！

又如：

你（黄河）从昆仑山的沟里来么？

昆仑山里的红叶，

想已饱带着一身秋了。

这都不很自然。至于《桑园道》中的

山哪，岚哪，

云哪，霞哪，

半山上的烟哪，

装成了美丽簇新的锦绣一片。

现在竟成了新诗的滥调了！

自《朝气》（页四九）至《别少年中国》（页二八六），共二百四十页诗，都是1920年的作品。这一年的成绩确是很可惊的。当时我在《学灯》上见着白情的《江南》，就觉得白情的诗大进步了。《江南》的长处在于颜色的表现，在于自由地实写外界的景色。我们引它的第三段：

> 柳桩上拴着两条大水牛，
> 茅屋都铺得不现草色了。
> 一个很轻巧的老姑娘，
> 端着一个撮箕，
> 蒙着一张花帕子。
> 背后十来只小鹅，
> 都张着些红嘴，
> 跟着她，叫着。
> 颜色还染得鲜艳，
> 只是雪不大了。

这种诗近来也成为风气了。但这种诗假定两个条件：第一须有敏捷而真确的观察力，第二须有聪明的选择力。没有观察力，便要闹笑话；没有选择力，只是堆砌而不美。白情最长于这一类的诗；《草儿》里此类很多，我们不多举例了。

平心而论，这一类的写景诗，我们虽承认它的价值，也不能不指出它的流弊。这一类的诗最容易陷入"记账式的列举"。"云哪，山哪，岚哪"，固然可厌；"东边一个什么，西边一个什么，前面一个什么"，也很可厌。南宋人的写景绝句，所以不讨人厌，全靠他们的选择力高，能挑出那最精彩的印象。画家的风景画，所以比风景照片更有意味，也是因为画家曾有过一番精彩的剪裁。近日许多写景诗，所以好的甚少，也是因为不懂得文学的经济，不能去取选择。

白情的《草儿》在中国文学史的最大贡献，在于他的记游诗。中国旧诗最不适宜作记游诗，故记游诗好的极少。白情这部诗集里，记游诗占去差不多十分之七八的篇幅。这是用新诗体来记游的第一次大试验，这个试验可算是大成功了。我们选他的《日光纪游》第六首：

> 马返以上没有电车了，
> 我们只得走去。
> 好雨！好雨！
> 草鞋套在靴子上；
> 油纸背在背上；
> 颗颗的雨直淋在草帽上。
> 哈……哈……哈……哈……
> 好雨！好雨！
>
> 哈……哈……哈……哈……
> 哈……哈……哈……哈……
> 一路赤脚的女子笑着过来了。
> 油纸背在背上；
> "下驮"提在左手上；

洋伞撑在右手上；

颗颗的雨直淋在绣花的红裙上。

她们看了我们越是忍不住笑了。

我们看了她们也更得了笑的材料了。

哈……哈……哈……哈……

哈……哈……哈……哈……

好雨！好雨！

过幸桥，

过深泽桥，

我们直溯大谷川的源头沿上去。

我们不溜在河里也就是本事了！

哈……哈……哈……哈……

好雨！好雨！

这种诗真是好诗。"看来毫不用心，而自具一种有以异乎人的美"：这是白情评我的诗的话，他说这是美国风。我不敢当这句评语，只好拿来还敬他这首诗，并且要他知道这不是美国风，只是诗人的理想境界。

占《草儿》八十四页的《庐山纪游》三十七首，自然是中国诗史上一件很伟大的作物了。这三十七首诗须是一气读下去，读完了再分开来看，方才可以看出它们的层次条理。这里面有行程的记述，有景色的描写，有长篇的谈话，但全篇只是一大篇《庐山纪游》。自十六至二十三，记五老峰的探险，写得最精彩，使我们不曾到过庐山的人心里怦怦地想去做那种有趣味的事。白情在第二首里说：

> 山阿里流泉打得钦里孔隆地响，
> 引得我要洗澡的心好动，
> 我就去洗澡。
> 石塘上三四家荷兰式的茅店，风吹得凉悠悠地，
> 引得我要歇憩的心好动，
> 我就去歇憩。

这就是"我要做就是对的"。这是白情等一班少年人游庐山时的精神。我们祝福他们在诗国里永远保持这种精神。

白情的诗，在技术上，确能做到"漂亮"的境界。他自己说：

> 总之，新诗里音节的整理，总以读来爽口听来爽耳为标准。（页三五四）

这一层，初看来似是很浅近，很容易，所以竟有许多诗人"鄙漂亮而不为"！但是我们很诚恳地盼望这些诗人们肯降格来试试这个"读来爽口，听来爽耳"的最低限度的标准。

二、俞平伯的《冬夜》

上海亚东图书馆发行，一九二二年三月出版，价六角。

平伯这部诗集，分成四辑。他自己说："第一辑里的大都是些幼稚的作品；第二辑里的，作风似太烦琐而枯燥了，且不免有些晦涩之处；第三辑的前半尚存二辑的作风，后半似乎稍变化一点；四辑……有几首诗，如《打铁》《挽歌》《一勺水啊》《最后的洪炉》，有平民的风格。"

平伯主张"努力创造民众化的诗"。假如我们拿这个标准来读他的诗，那就不能不说他大失败了。因为他的诗是最不能"民众化"的。我们试看他自己认为有平民风格的几首诗，差不多没有一首容易懂得的。如《打铁》篇中的：

刀口碰在锄耙上，
刀口短了锄耙长。

这已不好懂了。《挽歌》第四首：

山坳里有坟堆，
坟堆里有骨头。
骏骨可招千里驹；

> 枯骨头，华表巍巍没字碑，
>
> 招什么？招个呸！

这绝不是"民众化"的诗。《一勺水啊》是一首好诗，但也不是"民众化"的诗：

> 好花开在污泥里，
>
> 我酌了一勺水来洗它。
>
> 半路上我渴极了。
>
> 竟把这一勺水喝了。
>
> ⋯⋯⋯⋯⋯
>
> 请原谅罢，宽恕着罢！
>
> 可怜我只有一勺水啊！

这首诗虽不晦涩，但究竟不是民众能了解的。

所以我们读平伯的诗，不能用他自己的标准去批评他。"民众化"三个字谈何容易！18世纪之末，英国诗人华茨活斯（Wordsworth）主张作民众化的诗；然而他的诗始终只是"学者诗人"的诗，而不是民众的诗。同时北方民间出了一个大诗人彭思（Burns），他并不提倡民众文学，然而他的诗句风行民间，念在口里，沁在心里，至今还是不朽的民众文学。民众化的文学不是"理智化"的诗人勉强作得出的。即如平伯的《可笑》一篇（页二一七），取俗歌"高山有好水，平地有好花；家家有好女，无钱莫想她"四句，译为五十行的新诗；然而他自己也不能不承认"词句虽多至数（十）倍，而温厚蕴藉之处恐不及原作十分之一"。这不是一个明白的例证吗？

然而平伯自有他的好诗。第四辑里，如《所见》一首：

> 骡子偶然的长嘶，
> 鞭儿抽着，没声气了。
> 至于嘶叫这件事情，
> 鞭丝拂他不去的。（页二四〇）

又如《引诱》一首：

> 颠簸的车中，孩子先入睡了。
> 他小手抓着，细发拂着，
> 于是我的头频频回了！（页二三〇）

这种小诗，很有意味。可惜平伯偏不爱作小诗，偏要作那很长而又晦涩的诗！

有许多人嫌平伯的诗太晦涩了。朱佩弦先生作《冬夜》的序，颇替平伯辩护，他说：

> 平伯的诗果然艰深难解么？……作者的艰深，或竟由于读者的疏忽哩？

　　然而新出版的《雪朝》诗集里，平伯自己也说"《春的一回头时》稿成后，给佩弦看，他对于末节以为颇不易了解"（《雪朝》页六十一）。这可见平伯诗的艰深难解，自是事实，并不全由于读者的疏忽了。平伯自己的解释是"表现力薄弱"。这虽是作者的谦辞，然而我们却也不能不承认这话有一部分的真实。平伯最长于描写，但他偏喜欢说理；他本可以作诗，但他偏要想兼作哲学家；本是极平常的道理，他偏要进一层去说，于是越说越糊涂了。平伯说：

　　　　说不尽的，看的好；
　　　　看太仔细了，想可好？
　　　　花正开着，
　　　　不如没开去想他开的意思。（页七三）

　　这正是我说的"进一层去说"。这并不是缺点；但我们知道诗的一个大原则是要能深入而浅出；感想（impression）不嫌深，而表现（expression）不嫌浅。平伯的毛病在于深入而深出，所以有时变成烦冗，有时变成艰深了。
　　我们可举《游皋亭山杂诗》的第四、第五两首来做例。第四首题为《初次》：

　　　　孩儿们，娘儿们，
　　　　田庄上的汉儿们，

红的，黑的布衫儿，

蓝的，紫的绵绸袄儿，

瞪着眼，张着嘴，

嚷着的有，默默的也有。

…………

好冷啊，远啊，

不唱戏，不赛会，

没甚新鲜玩意儿；

猜不出城里客人们的来意。

他们笑着围拢来，

我们也笑着走拢来；

不相识的人们终于见面了。

…………（页七七）

　　说到这里，很够了，很明白了，然而平伯还不满足，他偏要加上八九句哲学调子的话；他想拿抽象的话来说明，来"咏叹"前面的景物，却不知道这早已犯了诗国的第一大禁了（看页七七）。第五首为《一笑的起源》，这题目便是哲学调子了！这首诗，若剥去了哲学调子的部分，便是一首绝妙的诗：

我们拿捎来的饭吃着，

我们拿痴痴地笑觑着。

吃饭有什么招笑呢？

但自己由不得也笑了。

…………

他们中间的一个她，

忍不住了，说了话了。

"饭少罢！给你们添上一点子？"

回转头来声音低低的，

"那里像我们田庄上呢！……"

…………（页七八至七九）

　　这种具体的写法，尽够了，然而平伯还不满足。他在前四句的下面，加上了九句：

一笑的起源，

在我们是说不出，

在他们是没有说。

既笑着，

总有可笑的在，

总有使我们他们不得不笑的在。

笑便是笑罢了，

可笑便是可笑罢了，

怎样不可思议的一笑哪！

　　这不是画蛇添足吗？他又在"那里像我们田庄上呢"的后

面，加上了十三句咏叹的哲理诗：

> 是简单吗？
>
> 是不可思议吗？
>
> 是不可思议的简单吗？
>
> …………
>
> 他们的虽不全是我们的，
>
> 也不是非我们的……

他这样一解释，一咏叹，我们反更糊涂了。一首很好的白描的诗，夹在二十二句哲理的咏叹里，就不容易出头了！

所以我说：

> 平伯最长于描写，但他偏喜欢说理；他本可以作好诗，只因为他想兼作哲学家，所以越说越不明白，反叫他的好诗被他的哲理埋没了。

这不是讥评平伯，这是我细心读平伯的诗得来的教训。我愿国中的诗人自己要知足安分：做一个好诗人已是尽够享的幸福了；不要得陇望蜀，妄想兼差做哲学家。

《蕙的风》序

　　我的少年朋友汪静之把他的诗集《蕙的风》寄来给我看，后来他随时作的诗，也都陆续寄来。他的集子在我家里差不多住了一年之久；这一年之中，我觉得他的诗的进步着实可惊。他在 1921 年 2 月 3 日，作的《雪花——棉花》，有这样的句子：

> 你还以为我孩子瞎说吗？
> 你不信到门前去摸摸看，
> 那不是棉花？
> 那不是棉花是什么？
> 妈，你说这是雪花，
> 我说这是顶好的棉花，
> 比我们前天望见棉花铺子里的还好得多。
> …………

这确是很幼稚的。但他在一年之后（1922 年 1 月 18 日）作的《小诗》，如：

> 我冒犯了人们的指摘，
>
> 一步一回头地瞟我意中人，
>
> 我怎样欣慰而胆寒呵。

这就是很成熟的好诗了。

我读静之的诗，常常有一个感想：我觉得他的诗在解放一方面比我们作过旧诗的人更彻底得多。当我们在五六年前提倡作新诗时，我们的"新诗"实在还不曾做到"解放"两个字，远不能比元人的小曲长套，近不能比金冬心的自度曲。我们虽然认清了方向，努力朝着"解放"做去，然而当日加入白话诗的尝试的人，大都是对于旧诗词用过一番工夫的人，一时不容易打破旧诗词的镣铐枷锁。故民国六、七、八年的"新诗"，大部分只是一些古乐府式的白话诗，一些《击壤集》式的白话诗，一些词式和曲式的白话诗，都不能算是真正新诗。但不久就有许多少年的"生力军"起来了。少年的新诗人之中，康白情、俞平伯起来最早；他们受的旧诗的影响，还不算很深（白情《草儿》附的旧诗，很少好的），所以他们的解放也比较更容易。自由（无韵）诗的提倡，白情、平伯的功劳都不小。但旧诗词的鬼影仍旧时时出现在许多"半路出家"的新诗人的诗歌里。平伯的《小劫》，便是一例：

云皎洁，我的衣，

霞烂漫，他的裙裾，

终古去翱翔，

随着苍苍的大气；

为什么要低头呢？

哀哀我们的无俦侣。

去低头！低头看——看下方；

看下方啊，吾心震荡；

看下方啊，

撕碎吾身荷芰的芳香。

这词的音调、字面、境界，全是旧式诗词的影响。直到最近一两年内，又有一班少年诗人出来；他们受的旧诗词的影响更薄弱了，故他们的解放也更彻底。静之就是这些少年诗人之中最有希望的一个。他的诗有时未免有些稚气，然而稚气究竟远胜于暮气；他的诗有时未免太露，然而太露究竟远胜于晦涩。况且稚气总是充满着一种新鲜风味，往往有我们自命"老气"的人万想不到的新鲜风味。如静之的《月夜》的末章：

我那次关不住了，

就写封爱的结晶的信给伊。

但我不敢寄去，

怕被外人看见了；

　　不过由我的左眼寄给右眼看，
　　这右眼就是代替伊了。……

　　这是稚气里独有的新鲜风味，我们"老"一辈的人只好望着欣羡了。我再举一个例：

　　浪儿张开他的手腕，
　　一叠一叠滚滚地拥挤着，
　　搂着砂儿怪亲密地吻着。
　　刚刚吻了一下，
　　却被风推他回去了。
　　他不忍去而去，
　　似乎怒吼起来了。
　　呀，他又刚愎愎地势汹汹地赶来了！
　　他抱着那靠近砂边的小石塔，
　　更亲密地用力接吻了。
　　他爬上那小石塔了。
　　雪花似的浪花碎了——喷散着。
　　笑了，他快乐地大声笑了。
　　但是风又把他推回去了。
　　海浪呀，
　　你歇歇罢！
　　你已经留给伊了——

你的爱的痕迹统统留给伊了。

你如此永续地忙着，

也不觉得倦吗？（《海滨》）

这里确有稚气，然而可爱呵，稚气的新鲜风味！

至于"太露"的话，也不能一概而论，诗固有浅深，倒也不全在露与不露。李商隐一派的诗，吴文英一派的词，可谓深藏不露了，然而究竟遮不住他们的浅薄。《三百篇》里：

取彼谮人，

投畀豺虎；

豺虎不食，

投畀有北；

有北不受，

投畀有昊！

这是很露的了，然而不害其为一种深切的感情的表现。如果真有深厚的内容，就是直截流露地写出，也正不妨。古人说的"含蓄"，并不是不求人解的不露，乃是能透过一层，反觉得直说直叙不能达出诗人的本意，故不能不脱略枝节，超过细目，抓住了一个要害之点，另求一个"深入而浅出"的方法。故论诗的深度，有三个阶级：浅入而浅出者为下，深入而深出者胜之，深入而浅出者为上。静之的诗，这三个境界都曾经过。如前年作的《怎敢爱伊》：

> 我本很爱伊，——
> 十二分爱伊。
> 我心里虽爱伊，
> 面上却不敢爱伊。
> 我倘若爱了伊，
> 怎样安置伊？
> 他不许我爱伊，
> 我怎敢爱伊？

这自然是受了我早年的诗的余毒，未免"浅入而浅出"的毛病。但同样题目，他去年另有一个写法：

> 愿你不要那般待我，
> 这是不得已的，
> 因你已被他霸占了。
> 我们别无什么，
> 只是光明磊落真诚恳挚的朋友；
> 但他总抱着无谓的疑团呢。
> 他不能了解我们，
> 这是怎样可憎的隔膜呀！
> 你给我的信——

里面还搁着你的真心——
已被他妒恨地撕破了。
…………

他凶残地怨责你，
不许你对我诉衷曲，
他冷酷地刻薄我，
我实难堪这不幸的遭际呀！
因你已被他霸占了，
这是不得已的，
愿你不要那般待我——
一定的，
一定不要呀！（《非心愿的要求》）

　　这就是"深入而深出"的写法了。露是很露的，但这首诗究竟可算得一首赤裸裸的情诗。过了一年，他的见解似乎更进步了，他似乎能超过那笨重的事实了，所以他今年又换了一种写法：

我愿把人间的心，
一个个都聚拢来，
共总熔成了一个；
像月亮般挂在清的天上，
给大家看个明明白白。

> 我愿把人间的心，
>
> 一个个都聚拢来，
>
> 用仁爱的日光洗洁了；
>
> 重新送还给人们，
>
> 使误解从此消散了。(《我愿》)

这种写法，可以算是"深入而浅出"的了。我不知别人读此诗作何感觉，但我读了此诗，觉得里面含着深刻的悲哀，觉得这种诗是"诗人之诗"了。

静之的诗，也有一些是我不爱读的。但这本集子里确然有很多的好诗。我很盼望国内读诗的人不要让脑中的成见埋没了这本小册子。成见是人人都不能免的，也许有人觉得静之的情诗有不道德的嫌疑，也许有人觉得一个青年人不应该作这种呻吟宛转的情诗，也许有人嫌他的长诗太繁了，也许有人嫌他的小诗太短了，也许有人不承认这些诗是诗。但是，我们应该承认我们的成见是最容易错误的，道德的观念是容易变迁的，诗的体裁是常常改换的，人的情感是有个性的区别的。况且我们受旧诗词影响深一点的人，戴上了旧眼镜来看新诗，更容易陷入成见的错误。我自己常常承认是一个缠过脚的妇人，虽然努力放脚，恐怕终究不能恢复那"天足"的原形了。我现在看着这些彻底解放的少年诗人，就像一个缠过脚后来放脚的妇人望着那些真正天足的女孩子们跳来跳去，妒在眼里，喜在心头。他们给了我许多"烟士披里纯"，我是很感谢的。四五年

前，我们初作新诗的时候，我们对社会只要求一个自由尝试的
权利；现在这些少年新诗人对社会要求的也只是一个自由尝试
的权利。为社会的多方面的发达起见，我们对于一切文学的尝
试者，美术的尝试者，生活的尝试者，都应该承认他们的尝试
的自由。这个态度，叫作容忍的态度（Tolerance）。容忍上加入
研究的态度，便可到了解与赏识。社会进步的大阻力是冷酷的
不容忍。静之自己也曾有一个很动人的呼告：

> 被损害的莺哥大诗人，
> 将要绝气的时候，
> 对着他的朋友哭告道：
> 牺牲了我不要紧的；
> 只愿诸君以后千万要防备那暴虐者，
> 好好地奋发你们青年的花罢！（《被损害的》）

《欧战全史》序

　　协约国最后战胜的时候，我们中国人也跟着在中国的协约国国民，兴高采烈地庆祝这一次人类史上的空前大纪念。那天我在天安门外的高台上望着那几万的北京学生的游行大队，心里实在惭愧。我自己问道："这几万学生里面，有几个人能知道他们今天庆祝的大事，究竟怎么一回事吗？"我想到这里，心里觉得这种懵懂的庆祝，实在是可怜可笑。我又转一念，又问自己道："假使这几万学生里面，有一两个人，受了今天的大刺激，不愿意这样糊糊涂涂地庆祝人家的战胜，很想今天回学堂去研究研究这一次大战争的历史。假使有这样的一两个学生，他们又到了哪里去寻研究的材料呢？有什么书可读？有什么杂志可参考呢？"我自己又回答道："没有。"

　　这是我们中国一件最可耻的事，我们究竟应该怪谁呢？

　　我们应该怪我们自己。我们挂起"学者"的招牌，有直接研究外国书报的工具，有翻译书报的能力，但是对于这样空前的世界大战争，我们竟不曾做出一部《欧战史》，竟不曾译出一点关于欧战的参考材料！自从欧战开始以来，除了梁任公的一本小册子之外，竟寻不出一部关于欧战史料的汉文书！（黄英伯、叶叔衡的两种小册子，那时还不曾出来。）这不是我们这班人的大罪过吗？我又想到欧美各国这四五年来出版的欧战书报那样多，记载得那样详细，材料收集得那样完备；哪一方面的情形没有专书？哪一方面的意见没有代表的言论？我想到这里，回想国内欧战史料枯窘到如此地步，心里实在惭愧。

这是我去年冬天在天安门外的感想。我那时恨不能即时邀集一班朋友，日夜赶成许多欧战史料的书籍，可惜天安门庆祝之后，我不久就奔丧回南，从此以来，我竟不曾有著书译书的工夫。朋友之中，有几个注意这项事业的，又都因为太忙了，不能分时间来做书做报。至于那班没有事做的顾问老爷们和各部的编译先生们，又觉得"无事"果然可贵，更不肯于无事之中寻出事来做了。

现在梁和钧、林奏三两位先生做了这部《欧战全史》出来，我看见了非常高兴。这部书还不曾出全，我不敢乱下批评。但是这部书有三种很大的用处，是我们现在可断言的。

第一，这部书可补中国今日欧战参考材料的缺乏。这部书把这一次大战的各方面——西欧、东欧、南欧、殖民地、陆战、海战——都记得很明白，可以使人知道这次大战的实在情形。从此以后，国内不通外国文字的人，就可以从这书里得到许多参考研究材料。这一层的需要，我在前面已说过，不消重说了。

第二，这部书可以增进中国人的世界知识和世界眼光。这一次大战，实在不是一场"欧战"，乃是一场空前的"世界大战"，但是在汉文里，"世界大战"（The world war）四个字还不成名词，我们中国人的心里仍旧觉得这是一次"欧战"。这很可证明多数中国人没有世界知识，没有世界眼光。但是平心而论，这也怪不得他们。他们没有书报可以参考，没有材料可以研究——报纸上记的大都是鱼行狗洞的小新闻，书店里出版的大都是淌白拆白一类的小书——叫他们何处得知一种世界的眼光见识呢？梁、林两位的书，对于此次大战的远因近因，以及战线所及的各方面，参战各国的政治、外交、军事，都能有系统的记载，使读这书的人自然会了解一百年来的世界大事，自然会懂得现代世界各国之间的相互关系，自然会明白这一次大战争确然不是局部的私斗，乃是世界文明生死存亡的公斗；确然不是为了塞尔维亚一个小地方暗杀了一个老皇太子的报仇之战，乃是上承一百年世界政局的总绪，下开千百年世界政局的新纪元的一件大事。

第三，这部书出在大战结局十个月之后，虽然很迟了，但是它有迟出的大好处。当战争正烈的时候，人心各有所蔽，事实的真相不容易观察，是非的真相更不容易了解。现在战事已完了，意气稍稍平静了，从前用来号召的好听名词和用来漫骂的丑恶名词都不大听见了，各国的真面目都露出来了，纸老虎都戳穿了，在这个时候著一部大战全史，事实的收集自然很容

易，是非的评判也比十个月前更可靠。所以我说梁、林两君的
书在这时候出来，不但不是明日的"黄花"，简直是应时的要
品。我很希望梁、林两君做这书的下卷时，能利用晚出的机
会，把俄国的大革命，德、奥的大革命，美国政策的变迁，交
战各国战时内部的组织，以及最后战争终了的真正原因，都
能一一地根据最新的材料，根据最近最公的评判，做成一部最
新、最完备、最平允的大战全史。若能做到这个地位，这部书
便可替中国一洗五年没有欧战史料书籍的大耻了。

《崔东壁遗书》序

　　顾颉刚先生开始标点《崔东壁遗书》是在民国十年，到现在民国二十五年，快满十五年了。这部大书出版期所以延搁到今日，顾先生自己在《序》文里曾有详细的说明。最重要的原因当然是顾先生不肯苟且的治学精神。他要搜罗得最完备，不料材料越搜越多，十几年的耽搁竟使这部书的内容比任何《东壁遗书》加添了四分之一。在这些新发现的材料之中，最重要的是嘉庆本的《东壁书钞》，东壁先生的诗稿和《莜田剩笔》，他的兄弟崔迈的《遗集》四种七卷。嘉庆本《书钞》使我们可以看出东壁先生屡次改订他的著作的不苟精神，借此也可以推见他的见解演变的痕迹。他自己的诗稿和他兄弟的诗文稿给我们增添了不少的传记材料。崔迈的遗著里很有一些有见解的文字；他研究《尚书》，议论古史，讨论文学，都有点不随流俗的创见。这些遗著的发现使我们格外明了崔述不但受了他父亲的大影响，并且得了这一个天才很高的弟弟不少帮助。《莜田剩笔》

虽是残稿，但其中保存的东壁遗札二十一封，有很多重要的传记材料。其《与陈介存》第一札中有云：

> 虽素好考核，然常不敢自信。今岁所为，明岁辄复窜易。《补上古》及《洙泗》两考信录近已多所更定。乃吾介存竟以旧本付梓，令人骇绝！是彰吾过于天下耳，岂爱我乎！朱子将易箦时，犹改"诚意"章注，何况吾辈庸人？王右军一点一画失所，辄若眇目折肱。愚亦同有此癖。介存何不相谅也！

这是何等可敬可爱的治学精神！这样一位"好求完备"的学者的遗著，在一百多年后居然得着一位同样"好求完备"的学者顾颉刚先生费了十多年的精力来搜求整理，这真是近世学术史上最可喜的一段佳话！

崔述生于乾隆五年（1740年）。四年后（民国二十九年，1940年），就是他的二百年纪念了。他的著作，因为站在时代的前面，所以在这一百多年中，只受了极少数人的欣赏，而不曾得着多数学人的承认。现在我们可以捧出这一部收罗最完备、校点最精细的"崔学全书"来准备做他二百年祭坛上的供品了。我们对于顾颉刚先生和他的同志洪业先生、赵贞信先生等等，都应该表示最大的感谢，并且庆祝他们的成功。

我在十四年前，曾说：

　　我深信中国新史学应该从崔述做起，用他的《考信录》做我们的出发点，然后逐渐谋更向上的进步。……我们读他的书，自然能渐渐相信他所疑的都是该疑，他认为伪书的都是不可深信的史料：这是中国新史学的最低限度的出发点。从这里进一步，我们就可问：他所信的是否可信？他扫空了一切传记谶纬之书，只留下了几部"经"。但他所信的这几部"经"，就完全无可疑了吗？万一我们研究的结果竟把他保留下的几部"经"也全推翻了，或部分地推翻了，那么，我们新史学的古史料又应该从哪里去寻？等到这两个问题有了科学的解答，那才是中国新史学成立的日子到了。简单说来，新史学的成立须在超过崔述以后；然而我们要想超过崔述，先须要跟上崔述。(《科学的古史家崔述》，页5—6）

　　这一段十四年前的预言，在今日看来，有中有不中，有验有不验。在古史研究的某些个方面，中国的新史学确然是已超过崔述了。崔述的材料只是几部"经"之中他认为可信的部分。近十几年的新古史学居然能够充分运用发掘出来的甲骨文字、金文和其他古器物了。试用崔述的《商考信录》来比较最近十年中出版的关于殷商史料的著作，我们就可以知道，古史料的来源不限于那几部"经"，"经"之外还有地下保藏着的许多古器物，其年代往往比"经"更古，其可靠性往往比"经"更高；它们不但是不曾经过汉以后的学者的改窜误解，并且是不曾经过先秦文士的洗刷点染。这样扩大的材料范围，是《考信录》的作者当日不曾梦见的。所以在这些方面，我们可以说今日的古史学是超过崔述的了。

我那一段预言里曾说："他所疑的都是该疑；他所信的是否都可信？"但依这十几年的古史学看来，崔述所信的，未必无可疑的部分；他所疑的也未必"都是该疑"。例如他作《洙泗考信录》，不信纬书，不信《家语》，不信《孔丛子》，不信《史记》的《孔子世家》，这都是大致不错的。但他不信《檀弓》，终不能使我们心服。《檀弓》一篇的语言完全是和《论语》同属于鲁国语的系统，绝非"后儒"所能捏造。崔述不信"孔子少孤，不知其墓"，又不信孔子一家有再世出妻的事，就以为"《檀弓》之文本不足信"。这都是因为崔述处处用后世儒生理想中的"圣人"作标准，凡不合这种标准的，都不足凭信。——这样的考证是不足服人之心的。

又如崔述最尊信《论语》，但他因为《论语》有"公山弗扰"和"佛肸"两章，都不合他理想中的"圣人"标准，所以他疑心《论语》"非孔门《论语》之原本，亦非汉初《论语》之旧本"，"乃张禹所更定"。我们当然不否认《论语》有被后人添改的可能，但我们也不能承认崔述的论证是充分的。最可注意的是崔述要证明佛肸不曾"召"孔子，于是引《韩诗外传》《新序》《列女传》三书做证，证明"佛肸之畔乃赵襄子时事……襄子立于鲁哀公之二十年，孔子卒已五年，佛肸安得有召孔子事乎？"（《洙泗考信录》二，页37）崔述最不信汉人记古事的传记，然而他在这里引证的三部书都是汉人的记载，岂不是自坏其例吗？何况《左传》哀公五年（孔子死之前九年）明明有"赵鞅围中牟"的记载呢？

这样，凡不合于理想中的"圣人"标准的，虽然《檀弓》《论语》所记，都不可信；凡可以助证这个标准的，虽是汉人的《韩诗外传》《新序》，也不妨引证。这岂不是很危险的去取标准吗？

总而言之，近十几年的古史研究，大体说来，都已超过崔述的时代。一方面，他所疑为"后儒"妄作妄加的材料，至少有一部分（例如《檀弓》）是可以重新被估定，或者竟要被承认作可靠的材料的了。另一方面，古史材料的范围是早已被古器物学者扩大到几部"经"之外去了。其实不但考古学的发掘与考证扩大了古史料的来源；社会学的观点也往往可以化腐朽为神奇，可以使旧日学者不敢信任的记载得着新鲜的意义。例如《檀弓》《左传》等书，前人所谓"诬""妄"的记载，若从社会学的眼光看去，往往都可以有历史材料的价值。即如《檀弓》所记孔子将死时"坐奠于两楹之间"的一个梦，崔述以为"殊与孔子平日之言不类"，然而在我们今日看来，却正是很有趣的史料。

以上所说，只是要说明，今日的新史学确已有超过崔述的趋势，所以有人说"崔述时代已过去了"，这也并不是过分的话。

然而我这番话绝不是要指出崔述的古史学在今日已完全没

有价值。崔述是一百多年前的史家，他当然要受那个时代的思想学术的限制，他的许多见不到的地方，都是很可以原谅宽恕的。他的永久价值并不在这一些随时有待于后人匡正的枝节问题。崔学的永久价值全在他的"考信"的态度，那是永远不会磨灭的。我在十四年前说的"先须要跟上崔述"，也正是要跟上他的"考信"的态度。

"考信"的态度只是要"考而后信"。崔述自己说得最好：

> 大抵文人学士多好议论古人得失，而不考其事之虚实。余独谓虚实明而后得失或可不爽。故今为《考信录》，专以辨其虚实为先务，而论得失者次之。(《提要》上，页34)

虚实即是伪与真。"虚实明而后得失或可不爽"是一切史学的根本方法。"考信"的态度只是要人先考核某项材料的真伪虚实，然后决定应疑应信的态度。崔述著书的本意在此，故全书称为《考信录》了。可惜他受传统的儒家思想的影响太大了，有时也不能"先考而后信"，有时竟成了"先信而后考"！例如上文说的几个例子，他先信孔子绝不会不知道他的父亲坟墓，绝不会出妻，绝不会受公山弗扰与佛肸之召，然后去考定《论语》《檀弓》的真伪——这就不是"考信"的真义了，这成了先论其"得失"而后考其虚实真伪了。他自己也曾警告我们：

人之情好以己度人，以今度古，以不肖度圣贤。往往
径庭悬隔，而其人终不自知也。……以己度人，虽耳目之
前而必失之。况欲以度古人，更欲以度古之圣贤，岂有当
乎？……故《考信录》但取信于经，而不敢以战国、魏、
晋以来度圣人者，遂据之为实也。(《提要》上，页6~8)

崔述自己不知道他自己也往往用宋、明以来"度圣人者"
来做量度圣人的标准，先定了得失的标准，然后考其虚实，所
以"径庭悬隔，而不自知也"。

这都是时代风气的限制，不足为崔述的罪状。他这一部
大书之中，大体都是能遵守他的基本方法，先定材料的虚
实，而后论其得失。他很大胆地定下一条辨别史料虚实的标
准："凡其说出于战国以后者，必详为考其所本（考其所本即
是寻出他的娘家），而不敢以见于汉人之书者遂真以为三代之
事也。"这样一笔扫空了一切晚出的材料，就把古史建立在寥
寥几部他认为最可信的史料之上。在那些他认为可信的材料之
中，他又分出几种等级来，第一等为"经"的可信部分，第二
等为"补"（源出于经，而今仅见于传记），第三等为"备览"，
第四等为"存疑"。这都是辨其虚实真伪的态度，最可以作史家
的模范。他的细目或有得失可以指摘，这种精神与方法是无可
訾议的。

我们必须明白，崔述生于二百年前，不但时代的限制不
易逃避，当时所有的古史材料实在是贫乏得可怜。我们现在读

他的古史诸录，总不免觉得，古史经过他的大刀阔斧的删削之后，仅仅剩下几十条最枯燥的经文了！我们不要忘了他自己劝慰我们的话：

> 昔人有言曰："买菜乎？求益乎？"言固贵精不贵多也。……吾辈生古人之后，但因古人之旧，无负于古人可矣，不必求胜于古人也。(《提要》上，页27)

他在那个时代，无法"求胜于古人"，只能做一番删除虚妄的消极工作。但我们深信，"考信"的精神必不会否认后来科学的史家用精密的方法搜寻出来的新材料。例如《商考信录》，固然只是薄薄的两卷枯燥材料，但今日学者实地发掘出来的甲骨、石刻、铜器、遗物等，其真实既已"考"定，当然是可"信"的。故"不必求胜于古人"只是崔述警告我们莫要滥收假古董来冒称真史料，而不是关闭了扩大古史料之门。王国维、罗振玉、李济、董作宾、梁思永诸先生寻出新史料来"求胜于古人"，正是崔述当日所求之不得的，正是他最欢迎的。

最后，我要指出，崔述的"考信"态度是地道的科学精神，也正是地道的科学方法。他最痛恨"含糊轻信而不深问"的恶习惯。他一生做学问、做人、做官、听讼，都只是用一种精神，一种方法，就是"细为推求"，就是"打破砂锅问到底"。他要我们凡事"问到底"(《提要》下，页19)；他要我们"争"，要我们"讼"，要我们遇事"论其曲直"(《无闻集》二，

页 15 ~ 21）；他要我们"观理欲其无成见"（《考信附录》，页
34），遇事"细为推求"，"历历推求其是非真伪"（《提要》下，
页 21）。这都是科学家求真理的态度。这个一贯的态度是崔述
留给我们的最大的遗训。

《克难苦学记》序

　　沈宗瀚先生的《克难苦学记》是近二十年来出版的许多自传之中最有趣味、最能说老实话、最可以鼓励青年人立志向上的一本自传。我在海外收到他寄赠的一册，当日下午我一口气读完了，就写信去恭贺他这本自传的成功。果然这书的第一版很快地卖完了，现在就要修改再版，沈先生要我写一篇短序，我当然不敢推辞。

　　这本自传的最大长处，是肯说老实话。说老实话是不容易的事，叙述自己的家庭、父母、兄弟、亲戚，说老实话是更不容易的事。

　　一千八百多年前，大思想家王充（他是汉朝会稽郡上虞县人，是沈先生的同乡）在他的《自纪篇》里，曾这样地叙述他的祖父与父亲的两代：

　　　　祖父汎，举家担载，就安会稽，留钱唐县，以贾贩为业。生子二人，长曰蒙，少曰诵，诵即充父。祖世任气，至蒙、诵滋甚。故蒙、诵在钱唐，勇势凌人，未几复与豪家丁伯等结怨，举家徙处上虞。

这是说老实话。当时人已嘲笑他"宗祖无淑懿之基……无所禀阶，终不为高"。六百年后，刘知几在《史通》的《序传篇》里，更责怪他不应该"述其父、祖不肖，为州间所鄙"，"盛矜于己，而厚辱其先"。一千六百年后，惠栋、钱大昕、王鸣盛诸公，也都为了这一段话大责备王充。王充的话，在现在看来，并没有"厚辱其先"，不过是老老实实地说他的祖父、伯父、父亲都有点豪侠的气性，所以结怨于钱唐的"豪家"。然而这几句老实话就使王充挨了一千八百年的骂！

沈先生写他的家庭是一个农村绅士的大家庭。他的村子是一个聚族而居的沈湾村，全村二百户，七百人，都是沈族。村人贫富颇平均，最富的人家也不过有田二百多亩，最贫的也有七八亩。农家每日三餐饭，全村没有乞丐，百年来没有人打官司。这是一个典型的江南农村社会。沈先生自己的家庭就是这个农村社会里一个中上人家。他的祖父水香先生，伯父少香先生，父亲涤初先生，都是读书人，都是秀才，又都能替人家排难解纷，所以他家是一个乡村绅士人家。

沈先生的祖父生有四男四女，他的伯父有五男二女，他的父亲有六个儿子。沈先生刚两岁（1896年）时，这个大家庭已有二十多口人了，于是有第一次的"分家"。分家之后，"祖田除抵偿公家债款之外，尚留田十三亩，立为祖父祭产"。涤初先生自己出门到人家去教书，每年束脩只有制钱四十千文。家中有祖田十二亩，雇一个长工及牧童耕种，每隔一年可以收祖宗祭田约二十亩的租钱。每年的收入共计不过一百五十银元。不久，这个小家庭已有四个男孩子了。长工是要吃饭的。这就是七口之家了。沈先生的母亲一个人要料理家务，要应付七口的饭食，要管办父子五人的衣服鞋袜。所以他家每日三餐之中要搭一餐泡饭，晚上点菜油灯，只用一根灯芯，并用打火石取火。

这是这个家庭的经济状态。

沈先生十五岁时（1908 年），他考进余姚县第四门镇私立诚意高等小学堂，因为家贫，取得"寒额"的待遇，可免学、宿、膳费。他在这学堂住了四年，民国元年（1912 年）冬季毕业。这四年之中，他父亲供给了他七十二元的学校费用（包括书籍、杂费）。他说："此为吾父给我一生之全部求学费用也。"

他十八岁才毕业于高等小学。那时候，他家中的经济状况更困难了，他父亲不但无力供给他升学，并且还逼迫他毕业后就去做小学教员，要他分担养家的责任。这个"继续求学"与"就业养家"的冲突问题，是沈先生青年时代的最大困难，也是他的《克难苦学记》的中心问题。他父亲说得最明白：

> 如吾有田，可卖田为汝升学。如吾未负债足以自给，吾亦可借债送汝上学。乃今债务未了，利息加重，必须每

年付清利息。如无汝之收入，吾明年利息亦不能支给，奈
何？（页24）

但他老人家究竟是爱儿子的明白人，他后来想明白了，不
但不反对儿子借钱升学，还买了一只黄皮箱送给他！于是他筹
借了四十多块银元，到杭州笕桥甲种农业学校去开始受他的农
学教育了。

沈先生在这自传里写他父亲涤初先生屡次反对他升学，屡
次逼他分担家用，屡次很严厉地责怪他，到头来还是很仁慈地
谅解他、宽恕他。最尖锐的一次冲突，是民国三年他老人家坚
决地不许他儿子抛弃笕桥甲种农校而北去进北京农业专门学
校。老人家掉下眼泪来，对儿子说：

……我将为经济逼死。你既能毕业于北京农业专门，
你心安乎？

这一次他老人家很生气，逼着儿子写悔过书给笕桥陈校
长，逼着他回笕桥去。儿子没有法子，只能用骗计离开父亲，
先去寻着他那在余姚钱庄做事的二哥，求他借四十银元做北行
的旅费，又向他转借得一件皮袍，就跟他的同学偷跑到上海，
搭轮船北去了。

他进了北京农业专门学校做预科旁听生。过了半个月，父
亲回信来了，虽然说母亲痛哭，吃不下饭，但最后还答应将来

"成全"儿子求学的志愿。又过了一个月，父亲听说借皮袍的人要讨还皮袍了，他老人家赶紧汇了四十银元来，叫儿子另买皮袍过冬。

经济很困难的四整年，作者在北京农业专门学校毕业了。那是民国七年六月，他二十四岁，已结婚三年了，他不能不寻个职业，好分担那个大家庭的经济负担了。经过了几个月的奔走，他得了一个家庭教师的工作，每月可得四十银元，由学生家供给膳宿。

父亲要他每月自用十元，寄三十元供给家用并五弟的学费。他在北京做家庭教师的两年，是他一生最痛苦的时期（民国七年秋天到九年春）。他那时已受洗礼，成为一个很虔诚的基督徒了。但他有时候也忍不住要在日记里诉说他的痛苦。自传（页65）有这一段最老实也最感动人的记载：

　　父常来谕责难。民八（1919年）阴历年关，父病，指责更严厉，余极痛苦。（九年）一月二十日记云："夜间写父禀，多自哀哀彼之语。书至十一点钟，苦恼甚，跪祷良久，续禀。……我节衣缩食，辛苦万状，他还说我欠节省。我不请客，不借钱，朋友都说我吝啬，他还说我应酬太多。我月薪四十元，东借西挪，以偿宿债，以助五弟，他还要我赡养每月三十元。唉，我的父亲是最爱我的，遇了债主的催逼，就要骂我，就要生病。他今年已六十四岁，从十六岁管家，负债到如今。自朝至暮，勤勤恳恳地教书，节衣缩食，事事俭节，没有一次专为自己买肉吃。我母买肉给他吃，他还要骂她不省钱。我去年暑假回去，他偏自己上城买鱼、肉给我吃。这鱼这肉实在比鱼翅、燕窝好吃万万倍！他骂我欠节省，我有时不服，但看到他自己含辛茹苦，勤奋教书的光景，我就佩服到万分。他爱我，我有时忘了。如今想起来，他到贫病交迫的光景，我为何不救！我囊中只剩几十个铜子，一二个月内须还的债几至百元，五弟又要我速寄十元，我此时尚想不着可借的人。……我实在有负我可爱的父，但我实在无法。求上帝赐福给我的父，祝我谋事快成功，我定要清偿我父的债。……"

我相信，在中国的古今传记文学里，从没有这样老实、亲切、感动人的文字。也从没有人肯这样、敢这样老实地叙述父子的关系、家庭的关系。

这样一个家庭，多年积下来的债务要青年儿孙担负，年老的父母要青年儿子"赡养"，儿子没有寻着职业就得订婚、结婚、生儿女了，更小的弟妹也还要刚寻到职业的儿子担负教育费，这样的一个家庭是真可以"逼死英雄汉"的！试读沈先生民国七年十一月一日的日记：

父谕，命余月寄三十元。惟迄今二月之薪金已告罄，奈何！……苟无基督信仰，余将为钱逼死矣。

沈宗瀚先生的自传的最大贡献，就是他肯用最老实的文字描写一个可以"逼死英雄汉"、可以折磨青年人志气的家庭制度，这里的罪过是一个不自觉的制度的罪过，不是人的罪过。沈先生的父母都是好人，都是最爱儿子的父母。不过他们继承了几千年传下来的集体经济的家庭制度，他们毫不觉得这个制度是可以逼死他们最心爱的青年儿子的，他们只觉得儿子长大了应该早早结婚生儿子，应该早早挣钱养家，应该担负上代人积下来的债务，应该从每月薪水四十元之中寄三十元回家；他们只觉得这都是应该的，都是当然的。描写一个最爱儿子的好父亲，在不知不觉之中，几乎造成了叫一个好儿子"为钱逼死"的大悲剧。这是这本自传在社会史料同社会学史料上的大贡献，也就是这本自传在传记文学上的大成功。

沈先生所谓"克难苦学"，他所谓"难"，不仅是借钱求学的困难，最大的困难在于他敢于抛弃那人人认为当然的挣钱养家的儿子天职。他在十七岁时（辛亥年，1911 年），已受了梁任公的《新民丛报》的影响，"做新民，爱国家"的志向；又受了曾文正、王阳明的影响，他立志要做一个有用的好人。他说：

> 余生长农村，自幼帮助家中农事，牧牛、车水、除草、施粪、收获、晒谷、养蚕、养鸡等，颇为熟练，且深悉农民疾苦，遂毅然立志为最大多数辛勤之农民服务。

这样，他决定了他终身求学的大方针：学习农业科学，为中国农民服务。

在他决定的这个求学方向上，那个农村社会同耕读家庭的生活经验就都成了他很重要也很有帮助的背景了。我们知道他父亲有租田十二亩。后来父亲历年培种兰花，母亲历年养蚕与孵小鸡，节省下的余钱又添置了租田三十二亩。父亲出门教书了，儿子们还没有长大，家中雇一个长工耕种，又雇牧童帮忙。他家兄弟六人，大哥终身教书，二哥在本县钱庄做事，三哥自幼在家耕种。自传（页29）说：

> 三哥自幼由吾父之命，曾在村中最优秀之二农家工作五年，尽得其经验。父常称彼辈为师傅，三哥为徒弟。五年后，三哥归家种田，对于栽培经验胜于常人。

又说：

> 余肄业农校，每于暑假、寒假回乡时，将一学期所得农业学理与吾父母、大哥、三哥等讨论，有时叔父、从兄等亦加入。余常与三哥下田工作，趣味甚浓。余教三哥蔬菜施肥方法，试以讲义上所述方法在茄地上施肥，先将茄株周围挖小沟一圈，施入人粪尿，然后以土覆粪，谓可以防止氮气之气蒸散。三哥深以为然。
>
> 一日，族兄仁源来问防止蔬菜叶虫方法，余告以施用

石油乳剂。然彼施后，因浓度过高，致菜焦枯。

又一日，叔父咸良来问水稻白穗原因。余即在田中拔白穗之茎，剥茎，出茎内螟虫示之。彼大惊服，遂以稻瘟神作祟之说为迷信。

综计余所告各种方法，实施后有效者果有之，无效者亦不少。且对许多问题尚不能解答。余对彼辈栽水稻、豆、麦等经验甚为佩服。

这种活的经验，在沈先生的农学教育上有无比的价值。因为他有了这种活的农场经验，他才可以评判当时农业学校的教材与方法的适用或不适用，才可以估量每个教员的行不行。他说：

斯时（杭州笕桥）农校教师，除陈师宗一外，多译述日文笔记充教材，不切合实际情况。昆虫学常以日本《千虫图解》充当标本，从未领导学生到野外采集。余偶采虫问之，彼即以之与《千虫图解》对照，加以臆测，亦从未教余等饲虫研究。园艺教员授蔬菜，则亦多译日文讲义数册，而未尝实地认识蔬菜，亦不调查栽培、留种等方法。作物教员因在日本留学畜牧，乃译述《牧草》讲义，而于笕桥最有名之药用作物，从未提及。教室与环境完全隔绝。田间实习仅种萝卜、白菜，或作整地、除草、施肥等工作，（余）常觉实习教员之经验远不及三哥也。

故自第二年级起，余对农校功课渐感不满，深恐将来只能纸上空谈，不切实际，于国何用？（页 29 至 30）

不但中等农校不能满足这种来自田间的好学生的期望，当时的北京农业专门学校也逃不了他的冷眼批评。他说（页 38）：

北农预科之英文、理化、博物等课，较笕农为深，唯博物一科仍用书本及日本标本为教材，不免失望。

又说（页 41）：

国立北京农业专门学校农业本科一年级……功课为无机化学、植物、地质、土壤、作物、昆虫、农场实习、英文、数学等。除英文、数学外，概用中文讲义，教员多以讲义及日本标本敷衍了事。殊感失望。

这个有农田经验的好学生到了农业本科三年级，才有力量从消极的失望作积极的改革活动，才提议改换三四个不良的教员，如英文、园艺、农场实习等课的教授。那时候，金仲藩（邦正）来做校长，添聘了邹树文、王德章等来教授农学；设朝会，金校长亲自主持，训勉为人道德；校长与诸师同来饭厅，与学生同桌共餐，"全校精神为之一振"。

但这个开始改良的农专，不久就起了风潮，金校长辞职，

他请来的一班好教员也走了。半月之后，校长虽然回来收拾风潮，但那些教员"从此辞职不复返矣"。(页 46～48)

沈先生在国内学农科，到北农本科毕业为止，前后不过五年多（民国二年一月到七年六月）。他的记载，因为都是老实话，很可以作教育史料。他的评判并不偏向留美学农的教员，也并不限于消极的批评。例如他说（页 46）：

> 余在北农所得教益最多者，为许师叔玑（留日）之农政学、农业经济学、畜产及肥料；吴师季卿（留日）之无机、有机及分析化学；章师子山（留美）之植物病理学；汪师德章（留美）之遗传学；及金校长仲藩之朝会训话。……
>
> 汪师教遗传学极为清晰，余对"曼德尔遗传定例"自此明了。……

这也是教育史料。

沈先生学农有大成就，他的最大本钱并不是他东借西挪的学费，乃是他幼年在农田里动手动脚下田施肥的活经验与好习惯。所以他在笕桥农校的第一年：

> 二月间即实习制造堆肥，先集牛粪及稻草，层垒堆上，然后用水及粪尿润湿之，以脚践踏，人以为苦，余独轻易完工。师生颇惊奇之。(页 28)

所以他后来在常德种棉场服务，他就：

> 决定日间与农友下田同工，并调查农事，一以监工，一以学习农民植棉方法，知其优劣。早夜读棉业及其他农学书籍，期以学理与实用贯通，手脑并用。
> 故早饭后即赤脚、戴笠、荷锄与农夫同去工作。（页 69）

所以他后来在南京第一农校教昆虫学：

> 遂一方先自采集附近昆虫，参照日本《千虫图解》以定其科属……一方解剖主要昆虫，以认识其口、器、头、胸、腹诸部，然后随教随以实物相示。（页 73）

所以民国十四年他在康奈尔大学跟几位名教授研究遗传育种的时期，他自己记载：

> ……余在田间工作，除论文材料外，随助教做小麦、蔬菜、牧草等实地育种工作，并随教授旅行，实地检查改良品种之纯粹，由此得尽窥遗传育种与推广之底蕴。……盖教室与实验室所得，均为遗传原理。非经此实习，不知田间技术之诀窍，则回国后做实地育种工作必感困难。康大教授与助教常谓余曰："汝能实地苦干，诚与众不同也。"（页 83）

这"手脑并用"的实地苦干，是沈先生做学问有大成就的秘诀，是他在金陵大学任教时能造就许多优良的农业人才的秘诀，是他后来担任农业实验所所长时能为国家奠定农业科学化及农业推广制度的秘诀。而这个成功秘诀的来源，就在他"生长农村，自幼帮助家中农事、牧牛、车水、除草、施粪、收获、晒谷、养蚕、养鸡"的活经验与好习惯。

总而言之，这本自传的最大贡献在于肯说老实话。平平实实的老实话，写一个人，写一个农村家庭，写一个农村社会，写几个学堂，就都成了社会史料、社会学史料、经济史料、教育史料。

沈先生写他自己的宗教经验，也是很老实地记录，所以很能感动人。他描写一位徐宝谦先生，使我很感觉这个人可敬可爱。这本书里叙述的沈先生自己信仰基督教的经过，因为也是一个老实人的老实话，所以也有宗教史料的价值。

我很郑重的介绍这本自传给全国的青年朋友。

《詹天佑先生年谱》序

 我读了凌竹铭先生编著的《詹天佑先生年谱》，很佩服他搜集材料的勤谨，也很佩服他记载的细密、评论的正确。

 詹天佑先生的老家是安徽徽州府婺源县，他的祖父才迁居广州，但他十一岁考取了留美官费生，十二岁（同治十一年，1872 年）放洋之前，他父亲为他"具结"，还写着"童男詹天佑……徽州府婺源县人"。竹铭说他是詹先生的广州"乡后进"，我也可以说是他的徽州同乡后辈。竹铭和我都是崇敬詹先生的人。六年前，1954 年 7 月，我被邀作"容闳先生在耶路大学毕业百年纪念"的讲演，那时我就注意到詹天佑先生的传记资料，因为容闳先生领带到美国留学的一百二十个幼童之中，詹先生是回国后能有机会充分运用所学的专门学术而建立伟大成绩的唯一的人；凡是叙述容闳先生的一生行事的，没有不注意到詹天佑先生的传记资料的。但我在那时候已知道詹先生留下的著作不多，关于他的传记资料是很不容易搜集的。

　　竹铭是铁路工程专家，他又有著作中国铁路史的兴趣，也有传记的兴趣。他的《四年从政回忆》就是一本可以作范本的自传，给现代史学者留下了许多很重要的史料。竹铭编著这本《詹天佑年谱》，在搜集材料上的困难，他在"前言"里已说得很明白了。我们读这本年谱，最感觉兴趣的是叙述京张铁路的艰难伟大的工程。竹铭搜集的资料，从光绪三十年甲辰（1904年）詹先生第一次踏勘京张路的报告起，到宣统年己酉（1909年）八月十九日举行京张全路通车典礼为止，其中包括詹先生的修筑京张路办法及经费估计，以及开工后依据实际困难必须随时修改的工程计划，在今日大陆"沦陷"、史料散失的时候，这样详细的记载使我诚心地佩服作者搜集材料的勤劳，整理材料的仔细而详明。

　　因为作者是一生留意中国交通史的，因为他有中国铁路史的兴趣，又因为他在历史上是詹先生的铁路建设事业的继承人，所以他最有资格叙述詹先生的功绩，也最有资格论断詹先生的工作。我引《年谱》中最使我感动的一段：

　　　　光绪三十四年四月十七日，居庸关山洞完工。

　　　　四月二十三日，夜间十点半钟，八达岭山洞全洞开通。五月初六日，〔詹〕先生将情形申报邮传部，略谓"此洞施工之初，因山形起伏，不能取平，仅就山面挂线测度，而上阻长城，中隔山岭，瞭望难周。屡屡踌躇，方克定线。洞内分段椎凿，又复精细测量，始有把握。迨开通后，测见南北直线及水平高低均幸未差秒黍"。足见当时工作之紧张与精细。……此洞完成后，京张全路通车之关键遂告解决。（页 56）

这是一位土木工程师给一位伟大的前辈土木工程师写的传记里的最得意的一段文字。

凌竹铭先生记载京张路通车的盛大典礼之后，有一段总结性的叙述：

京张全路自光绪三十一年（1905）九月初四开工，宣统元年（1909）八月十九日行通车礼，先后尚未满四年。工款原预算为银七百二十九万一千八百六十两。实际四年共收到七百二十二万三千九百八十四两。而实际支用至工程初步结束止，为银六百九十三万五千零八十六两，尚余二十八万八千八百九十八两。较之原估算则省三十五万六千七百七十四两（为原预算百分之四点八）。……

京张铁路建筑工程款，包括机车车辆及行车设备，平均每英里五万六千两，约合每公里银三万五千两（约合银元四万八千六百元）。（页 64 ~ 65）

竹铭在《年谱》的"编后"里，有更明白的说明。他说：

　　中国铁路多系借外款兴筑，路权之损失姑不具论，即就路工本身而言，掌理工程之高级人员多属外籍，不但薪给特殊优厚，而且……常须假事权于翻译，不肖之徒遂不免从中作弊，而购料有折扣，包工有陋规，国家损失甚大，铁路之成本亦自然提高。京张铁路……由先生出任艰巨，先生……对于其所任人员，提高其待遇，鼓舞其志气，而尤致意于风气之改造，革除陋习，使国家不致蒙受损失。今试将京张路用款几项数字与同一时期其他各路之用款数字，比较如下：

　　（甲）全路建筑工款平均每公里约用银元数：

　　津浦铁路　119，000元。

　　京汉铁路　95，600元。

　　京奉铁路　94，600元。

　　京张铁路　48，600元。

　　京张路深入内地，无其他各路交通运输之方便，而工程特别困难。所经南口至康庄一段，开山凿隧，其艰巨为他路所未有。……而其平均每里之建筑用款仅为京汉、京奉等铁路之一半。……倘京张铁路仍用借款兴筑，则建筑费可能增加一倍。

　　（乙）隧道工程用款：

　　粤汉南段　隧道共长642公尺，平均每公尺用银400元。

　　平汉铁路　隧道664公尺，平均每公尺用银358元。

　　京张铁路　隧道1645公尺，平均每公尺用银315元。

（丙）工程时期总务费用：

津浦铁路　平均每公里约 10,000 元。

平汉铁路　平均每公里约 8,500 元。

沪宁铁路　平均每公里约 7,700 元。

京奉铁路　平均每公里约 6,300 元。

京张铁路　平均每公里约 3,100 元。

（以上均见页 96～98）

这样的比较，是竹铭先生对于这位伟大工程师的最谨严的颂赞。

读这本《年谱》的人，都不能不敬爱这位毕生为国家尽力而自奉很俭朴的模范工程师。在《年谱》的 63 页上，凌先生讲一个故事：说宣统元年八月十九日京张铁路举行盛大的通车典礼，那天中外来宾从各地赶来的"数逾万人"。邮传部尚书徐世昌作主要的演说。詹天佑先生是主办京张铁路的人，他不能不作一篇报告的演说。凌先生说：

詹先生本拙于辞令。……通车典礼后，先生告其友人曰："余主办京张路，汝知我经过最困难之事为何乎？"友人以开凿八达岭山洞对。先生笑曰："非也。我顷报告致辞，乃比开山洞更为困难也！"

这是詹先生的风趣。

图书在版编目（CIP）数据

进一寸就有欢喜：胡适谈读书 / 胡适著 . -- 北京：
中国文史出版社，2022.1

ISBN 978-7-5205-3345-4

Ⅰ . ①进… Ⅱ . ①胡… Ⅲ . ①读书笔记 Ⅳ .
① G792

中国版本图书馆 CIP 数据核字（2021）第 228510 号

出 品 人：刘未鸣　段　敏
责任编辑：高　贝

出版发行：中国文史出版社
社　　址：北京市海淀区西八里庄路 69 号院　邮编：100142
电　　话：010-81136606　81136602　81136603（发行部）
传　　真：010-81136655
印　　装：北京新华印刷有限公司
经　　销：全国新华书店
开　　本：787mm×1092mm　1/32
印　　张：8.75
字　　数：174 千字
版　　次：2022 年 4 月第 1 版
印　　次：2022 年 4 月第 1 次印刷
定　　价：62.80 元